Todos los libros de Linkgua Ediciones cuentan con modelos de Inteligencia Artificial entrenados por hispanistas. Pregúntale al chat de tu libro lo que desees acerca de la obra o su autor/a.

Para ebooks: Accede a nuestro modelo de IA a través de este enlace.

Para libros impresos: Escanea el código QR de la portada con tu dispositivo móvil.

Obtén análisis detallados de nuestros libros, resúmenes, respuestas a tus preguntas y accede a nuestras ediciones críticas generativas para una experiencia de lectura más enriquecedora.
La transparencia y el respeto hacia la autoría de las fuentes utilizadas son distintivos básicos de nuestro proyecto. Por ello, las respuestas ofrecen, mediante un sistema de citas, las fuentes con las que han sido elaboradas.

Rosario de Acuña

# Rienzi el tribuno

Barcelona 2024
Linkgua-ediciones.com

# Créditos

Título original: Rienzi el tribuno.

© 2024, Red ediciones S.L.

e-mail: info@linkgua.com

Diseño de la colección: Michel Mallard.

ISBN rústica ilustrada: 978-84-9953-572-2.
ISBN tapa dura: 978-84-1126-647-5.
ISBN ebook: 978-84-9953-442-8.

# Sumario

# Brevísima presentación

## La vida

Rosario de Acuña y Villanueva nació en Madrid el 1 de noviembre de 1850 y murió en Gijón (Asturias) el 5 de mayo de 1923.

Fue una escritora y publicista española. Pertenecía a una familia de la aristocracia de Jaén. Su padre era Felipe de Acuña, descendiente del obispo de Acuña. A los cuatro años Rosario padeció una grave enfermedad que estuvo a punto de dejarla ciega y que le dejó muy mermadas sus facultades visuales. Aprendió las primeras letras en un colegio de monjas, mostrando gran tenacidad para superar las dificultades de su afección ocular. En cuanto sus condiciones físicas se lo permitieron comenzó a viajar, y tuvo una formación muy superior a la de las mujeres de su época. En 1876 se casó con Rafael de Laiglesia y Auset. Y en 1882, publicó en una revista femenina, *El Correo de la Moda*, en la que colaboraban los principales autores de la época.

En 1911, a causa de un polémico artículo con el que respondía a la agresión sufrida por unas estudiantes a cargo de unos universitarios madrileños, se organizaron protestas y algaradas públicas pidiendo su ingreso en prisión. Ante el cariz que tomaron los acontecimientos, se exilió cuatro años en Portugal hasta que fue indultada por el conde de Romanones. Este destierro agravó su situación económica y la obligó a vivir con gran modestia en su casa del Cervigón (Gijón), hasta su muerte.

## A mi padre

En el templo de la historia
hallé la perdida calma;
si Rienzi logra victoria,
para mí la paz del alma,
para ti, padre, la gloria.

Rosario
¡Pueblo, nobleza, ¡oh Dios! delirios vanos
que empecéis esa lucha fratricida!
Pueblan el mundo siervos y tiranos;
mientras no se confundan como hermanos
jamás la ley de Dios será cumplida.
La nobleza ignorante, el pueblo imbécil;
¡cuanta sangre vertáis, toda perdida!
¡Faltan ciencia y virtud! ¡aún está lejos
la redención completa de la vida!

La acción pasa en Roma en el siglo XIV, en los años 1347 y 1354,
en el palacio del Capitolio.

# Personajes

Nicolás Rienzi, último tribuno de Roma
María, esposa de Rienz
Pedro Colonna, señor feudal
Juana, antigua sirviente de los Colonnas
Un Paje
Un Capitán
Damas, pajes, heraldos, escuderos y pueblo

# Acto I

Sala del Capitolio. A la derecha del espectador dos puertas que figura comunican con las habitaciones de Rienzi y de su esposa; a la izquierda una ventana en primer término y en segundo una puerta; gran puerta en el fondo, mesa y sitial a la izquierda; muebles de la época: dos tapices flotantes en los dos lienzos del fondo. Un libro sobre la mesa.

## Escena I

María, en el sitial junto a la mesa, con una carta en la mano; Juana, a su lado, sentada en un taburete y haciendo una labor; a media escena empieza el anochecer.

María                        Despacio las leí y aún no concibo
                                 lo que dicen las líneas de esta carta.
                                   Unas veces paréceme que sueño,
                                   otras las miro como horrible trama,
                                   sin que pueda el turbado pensamiento
                                   descubrir su intención ni adivinarla;
                                   y luego,... ¿por qué medio, de qué modo
                                   puedo llegar hasta mi propia estancia?

(Leyendo.)                 «Los barones de Orsini y de Colonna
                                   »y otros nobles de estirpe menos clara,
                                   »con vuestro esposo Rienzi reunidos,
                                   »La paz ajustarán en vuestra casa;
                                   »del juramento que en solemne fiesta
                                   »al gran Tribuno prestarán mañana,
                                   »se ha de tratar en este conciliábulo;
                                   »pero si en él las bases se preparan,

»mientras solemnemente no se juren,
»la cabeza de Rienzi amenazada
»ha de vivir; tan solo una persona
»con firme voluntad puede salvarla,
»porque acaso el citado juramento
»no se llegue a prestar si alguno falta;
»para que esto se evite es necesario
»consintáis recibir en vuestra estancia,
»en esta misma noche, estando sola
»y al terminar el toque de las ánimas,
»a quien puede deciros claramente
»el modo de alejar desdicha tanta;
»a más, grandes secretos de familia
»podréis saber, y acaso vuestra raza
»a Rienzi logre darle una corona
»cual su ambición jamás pudo soñarla;
»pensadlo bien, mañana tarde fuera.
»Si aceptáis, colocad en la ventana
»una luz y después esperad sola
»la salvación de Rienzi o su desgracia;
»aquesto dice quien blasones tiene;
»no lo olvidéis, puesto que sois romana.»

(Dejando de leer. Empieza a anochecer.)

Sin firma y con la fecha de hoy. ¡Dios mío,
qué otra nueva tormenta se prepara!

Juana      Es una carta de intención profunda
y en estilo de nobles redactada.

María (Sin hacer caso de Juana y como hablando sola.)

14

¿Es verdad o es mentira lo que leo?
y si es verdad, ¿acaso hago yo falta?
Rienzi es mi esposo fiel, mi buen amigo,
mando en su corazón, mas no en su alma;
¿por qué de mí se valen para un caso
en que mi voluntad no puede nada?

(Dirigiéndose a Juana.)

Juana, si me escuchaste, ¿qué respondes?

Juana (Con resolución y casi en sentido de reproche.)

Eres mujer de Rienzi; eres romana;
¿acaso abrigarás dentro del pecho
ese fantasma ruin que miedo llaman?

(Se levanta colocándose junto a la mesa.)

María                   Tienes razón, y a fe que fuera mengua
                        esconder el temor dentro del alma,
                        pues solo teme la mujer amante
                        perder el corazón del ser que ama.
                        ¿Qué puede sucederme? mis recuerdos
                        velozmente se pierden en mi infancia
                        y me siento valiente en el peligro,
                        que siempre vi con la serena calma
                        del que alzando hasta Dios su pensamiento
(Se levanta.)           fija en otra región sus esperanzas.
                        Veremos si esta cita encierra un lazo
                        o noblemente se dictó la carta.

## Escena II

Las mismas y dos pajes, con luces.

| | |
|---|---|
| María | De noche ya; qué breve pasa el tiempo. |

(Dirigiéndose a un Paje.)

¿Y el Tribuno?

| | |
|---|---|
| Paje | Con los nobles, señora, en una gran sala. |
| María | ¿Y viste en la ciudad preparativos? |
| Paje | Toda Roma despierta y se engalana; y ¿cómo no? si el pueblo conmovido ante la nueva luz que se levanta, contempla un porvenir de paz y gloria ¡que siempre lejos vio por su desgracia! |

Juana (Interrumpiéndole.)

¡El pueblo! niño grande y consentido
que se olvida de ayer viendo el mañana!

María (A Juana.)          Paréceme que sobra lo que dices.

(A los Pajes.)          Idos vosotros.

(Se van.)

(A Juana.)                    Ven y atiende, Juana.


## Escena III

María y Juana.


María                 Sabes muy bien que siempre te he querido;
                      servidora leal te hallé en mi casa.
                      Tú has sido para mí más que nodriza,
                      amiga, compañera, casi hermana;
                      pero si bien te di pruebas seguidas
                      de ilimitada y ciega confianza,
                      no puedo consentir que en mi presencia
                      a los hechos de Rienzi pongas tacha;
                      y el que escarnece al pueblo a Rienzi ofende,
                      que es amigo del pueblo que lo aclama.


Juana                 No me comprendes, no; ¡triste es decirlo!
                      La intención que demuestran mis palabras
                      es que ese pueblo que al Tribuno adora,
                      es indigno de Rienzi y de su alma.


María (Con ironía.)   ¿Desde cuándo enemiga de la plebe?


Juana                 Sabes, María, que nací africana,
                      y que al Egipto que me vio en la cuna
                      le debo antiguo nombre, ilustre raza,
                      y aunque sierva por culpa de la suerte,
                      siempre miré de lejos la canalla.
                      En las grandes llanuras del desierto,
                      do pasaron los días de mi infancia,

a mi padre escuché sencilla historia
que al hablarle del pueblo relataba.
¿Quieres saberla?

María                              Sí.

Juana                        Un gran liberto
tenía una pantera encarcelada
y en ratos de placer se entretenía
con un hierro candente en azuzarla;
y aunque para gozar con su tormento
en la prisión a veces penetraba,
sin corbas uñas la rugiente fiera
y en cadenas de bronce aprisionada,
aunque los aires con su voz hendía
jamás a su verdugo maltrataba;
y aún hizo más; cuando de carne hambrienta
la miraba de lejos en su jaula,
fijando en su tirano dulces ojos,
llegó a pedirla con caricias mansas...
Vio a la fiera un esclavo y compasivo,
quiso de sus martirios libertarla,
rompió sus hierros y a ignorada cueva
la llevó; sus cadenas quebrantadas
logró cortar un día, pero entonces
la pantera a su pecho se abalanza,
y antes de que pensara defenderse
arrancóle la vida con sus garras.

María            (Sin comprender la intención de la historia.)

Y bien ¿pero y el pueblo?...

Juana                                    El pueblo es fiera
                    que se debe tener encarcelada.

María (Con tristeza y casi como un reproche.)
                    ¡Y sin embargo, Juana, soy del pueblo!
(Variando de tono.)   Tú lo sabes, mi padre trabajaba,
                    y aunque libre, jamás pudo elevarse.

Juana               Tu padre fue del pueblo ¿y eso basta
                    para probar que tú del pueblo seas?

María (Con asombro.)

                    ¡Intentas que reniegue de mi raza!

Juana (Interrumpiéndola.)

                    Esta noche recibe a quien te cita
                    y vuelve a preguntármelo mañana.

María (Con vehemencia y queriendo comprender la intención de
Juana.)

                    ¿Qué significa lo que dices?

Juana (Como si no la hubiese oído, dirigiéndose a la ventana.)

                              Juzgo
                    que la noche tranquila se adelanta
                    y que Rienzi saliendo del consejo
                    te vendrá a ver; creyendo no le agrada

hallarte en compañía, me retiro,
si el permiso me das.

María (Con enojo.)                          Vete, que basta
de escuchar un lenguaje tan oscuro
como el que tienes, por mi daño, Juana.

Juana                    Mi corazón es grande para amarte
aunque a veces le faltan las palabras. (Se va.)


## Escena IV

María, que al marcharse Juana toma otra vez la carta y se sienta
junto a la mesa.

María (Después de recorrer con los ojos la carta.) (Leyendo.)

Y a más, grandes secretos podréis saber.

(Dejando de leer, y como si pensara en alta voz.)

Edades del pasado,
recuerdos de mi vida,
si en el fondo del alma habéis dejado
alguna luz prendida,
agitadla, y acaso en la memoria
su estela refulgente
ilumine las sombras de mi historia.

(Pausa de algunos segundos, durante los cuales recorre otra vez la
carta sin dejar de mirarla.)

¡Noble de raza yo! ¡vana quimera!

(Deja de mirar la carta. Este período ha de recitarlo como si fuera poco a poco recordando su vida.)

En mi infancia primera
escuché de mis padres los consejos,
que cansados y viejos,
en mí cifraban su ilusión postrera.
Sencillos campesinos,
humildes en el nombre y la fortuna,
nunca pudieron rodear mi cuna
con blasones ilustres de nobleza,
¡qué fueron sus diademas en el mundo
las canas que adornaban su cabeza!
Al casarme, su herencia me legaron
después me abandonaron
por otro reino de mayor grandeza. (Pausa.)
¿Hay acaso en mi vida algún momento
que ignorado y oscuro
levante el pensamiento
a la vaga región de lo inseguro? (Pausa.)
*No por cierto, que en paz y en alegría
*un día y otro día
*mi juventud pasaba,
*¡mi juventud dichosa!
*como el ave que canta en primavera
*jugando entre las flores revoltosa.

(Vuelve a tomar la carta y a recorrerla rápidamente con una mirada. Refiriéndose a la carta.)

Y sin embargo, de mi nombre trata...

(Se levanta con movimiento rápido, dejando la carta sobre la mesa.)

¡Dejemos de pensar en tal delirio!

(Mira a la puerta del fondo.)

Rienzi tarda, ¡Dios mío, qué martirio!
(Pausa.)
¡Qué arcano encierra el corazón del hombre,
que el amor no le basta
y por buscar un nombre
en pasiones y en luchas se desgasta!
*¡Nicolás Rienzi, genio poderoso,
*cuya alma engrandecida
*salvando las esferas de la vida,
*se levanta y se eleva
*a buscar la verdad en alto origen,
*en titánica prueba
*arrostra los delirios de la suerte
*y acaso (¡de pensarlo me horrorizo!),
*acaso juega ciego con la muerte! (Pausa.)
¡Grande es su idea, sí! digna del cielo!
¿Pero llegó a olvidar, desventurado,
que sobre aqueste suelo
cada siglo brillante y respetado,
necesita un cadáver desgarrado? (Pausa.)
¡Oh! Si el amor de la mujer querida
bastase a darle calma,
me arrancara la vida
pidiendo a Dios que le entregase el alma.

(Este monólogo depende completamente de la actriz, que debe fijar cuantas palabras, pensamientos y conceptos se hallan en él. La escena que le sigue ha de ligarse rápidamente a la terminación de dicho monólogo.)

## Escena V

Rienzi, precedido de dos pajes con hachas escondidas. María, al escuchar a los pajes de otros salones que le anuncian, se dirige rápida hacia la puerta. Los pajes, así que pasa Rienzi se van.

Una voz (Dentro.)     El gran Tribuno Rienzi.

Rienzi (Entrando y abrazando a María.)

     ¡Esposa mía!

María     En esa frente, amada con delirio,
     ¿hay nubes de pesar o de alegría?

Rienzi     Aunque en ella estuviese el mundo entero,
     el mundo al contemplarte olvidaría.

María     ¡Oh Nicolás! mi amor no es el primero.

Rienzi     Solo amaré una vez; oye, María.

(Se sienta. María repara en la carta y la toma guardándosela con disimulo.)

     Si el alma soñadora

se encuentra de lo grande enamorada,
no supongas jamás que es su destino
secar del corazón la rica fuente,
cuyo origen divino
le dice al hombre, piensa, pero siente.
¡Qué te importa que en éxtasis profundo
abarque el pensamiento
la vida, Dios, la eternidad y el mundo,
si en el bello raudal del sentimiento
vives idolatrada,
como en búcaro de oro
la nítida azucena perfumada!

María          No me importará, no, si el alma mía
               viese el triunfo a tu lado.

Rienzi         ¿Lo dudas tú?

(Con energía.)                Yo nunca lo he dudado.

María          Al escucharte el alma se enaltece.
               Háblame del consejo; ¿qué ha pasado?

Rienzi         ¡Ah María! ¡Qué rudo es mi destino!
               ¡Cuánta fe necesita
               mi espíritu gigante!,
               este espíritu mártir que se agita
               en un siglo gastado y vacilante.

María          ¿Acaso se te niega el juramento?

Rienzi         La queja que escuchaste

no se refiere solo a tal momento.

María        Cuéntame tu pesar, tu incertidumbre;
el alma te comprende,
tú mismo la enseñaste,
y en tan vivo fulgor su lumbre prende.
Sin ti ¿qué era yo? Acaso
fantástico destello,
cuyo brillo jamás se abriera paso
en el mundo sublime de lo bello;
sin ti, mi corazón, mi inteligencia,
en letárgico sueño dormirían
y fuera mi existencia,
divina por su origen,
como perla escondida
que en el fondo del mar muere perdida.
*Mi vida fue una rosa abandonada
*de pétalos sencillos,
*por tu genio sublime cultivada.
Háblame; si tus penas
pueden hallar en el amor consuelo
yo romperé sus frágiles cadenas,
y olvidarás la tierra por el cielo.

Rienzi        ¡Ese amor, ese amor divinizado
que busca el alma como origen cierto,
tu corazón le guarda inmaculado;
sin ese amor, el mundo es un desierto!
¡Y me le haces sentir! mi vida entera
se pierde cual fantástica quimera
en la estela radiante
que deja en pos tu corazón amante.

Las miserables luchas
que la traición me ofrece,
mi pasado de horrible sufrimiento,
el hoy que me estremece
y el lejano mañana que se crece
en las sombras del libre pensamiento,
todo entre luz confusa
se pierde lentamente
cuando el alma cansada
mira tu corazón puro y vehemente.

María        Tus ideas, tu ser, tu inteligencia
quiero guardarlas dentro de mi pecho.
¿Qué te han dicho los nobles reunidos?
¿Acaso se te niega ese derecho,
que el pueblo te legó como tribuno,
o como siempre han hecho
en la misma opinión no está ninguno?

Rienzi       Para llegar al punto de esta noche
de largo he de tomar toda mi historia.
Tú la sabes cual yo, pero no quiero
que se borre jamás de la memoria.

(Relatando.)  Cuando mataron a mi pobre hermano
una turba de audaces caballeros,
aunque era niño, levanté la mano
y a los cielos juré tomar justicia
de un hecho tan villano;
mi alma luchó, luchó con mi destino
que me dio humilde cuna
y una escasa fortuna
para entrar de la vida en el camino;

en la lucha vencí grandes pasiones,
el estudio profundo marchitó mis
       primeras ilusiones
y penetré en el mundo
llevando el corazón hecho girones.
En él tan solo había
pura una fe, cumplir con mi promesa;
era muy grande sí, yo lo sabía,
¡Pero el tiempo pasaba
y cada vez mejor la recordaba!
Estudié, trabajé, busqué un apoyo
y al fin subí; el pueblo soberano
su Tribuno me aclama y llega el día
en que vengue la muerte de mi hermano.

María           ¿Y tú la vengarás?

Rienzi (Transición.)       ¡Nunca, María!
Mi promesa es impía;
que aprendí a conocer en mis desvelos
que el Sol no brillaría
si hubiera siempre nubes en los cielos;
nubes son los rencores;
quiero que el Sol de la justicia brille
como en tiempos mejores
haciéndonos iguales,
que todos somos hombres y mortales.
Nunca veré la sangre derramada
para vengar ofensas de mi vida;
yo cumpliré una empresa levantada
digna de un alma libre, engrandecida;
quiero que Italia con su antiguo nombre

y uniendo su poder, al mundo asombre.

María

Pero no sin luchar llegará el día
en que el pueblo romano
se apellide liberto y soberano.

Rienzi

Lo sé muy bien, la raza de los nobles
a ese plan gigantesco no se aviene,
ella vive gozando como reina
y de vida cambiar no le conviene.
La firme ilustre casa de Colonna
con la de Orsini en declarada guerra
parece no se aterra
con el aspecto que mi pueblo toma,
y no quiere ceder, en cuyo caso
una lucha presiento sobre Roma.
La ley del buen estado
que la nobleza jurará mañana
en presencia del pueblo y del legado
del gran papa Clemente
dominará el orgullo de esa gente;
pero si se rebela
y en jurar no consiente,
su rebelión en forma declarada
será anuncio de próxima tormenta,
principio de una lucha encarnizada,
titánica y sangrienta,
donde el pueblo llegando al heroísmo
derrumbe las postreras atalayas
que sirven de guarida al feudalismo.

María

Mas si la jura, el mundo con tu nombre

alzará un monumento.

Rienzi

Sí, María, por eso no te asombre
que anhele el juramento;
no hay gloria para el hombre
como empezar su siglo en las edades
sin que la sangre humana
a torrentes vertida
oscurezca los hechos de su vida.
Si juran esa ley, si en mi presencia
rinden sus armas los opuestos bandos,
si a mi edictos prestan obediencia,
el asombrado mundo
verá en ruinas los fuertes torreones,
y en la ciudad, señora de los siglos,
alfombra de los templos los pendones.
Los de Estensi, Carrara y Malatesta,
los Savelli y Orsini
esta noche ofrecieron
rendir su voluntad a mis designios.

María

¿Lo cumplirán?

Rienzi

No sé; despúes dijeron
que o todos o ninguno;
Colonna se callaba
y tengo para mí que imaginaba...

María (Con vehemencia.)

¡Declararle la guerra al gran tribuno,
indisponerse acaso con el Papa,

que apoya tu poder, retar al pueblo
que su padre te nombra!

Rienzi                 Es noble y no me asombra.
¿Puede acaso dejar esa campiña
hundiendo sus castillos,
albergue de la infamia y la rapiña?

María                 Y si en ellos se encierra,
¿qué vas a hacer?

Rienzi (Levantándose.)                    Empezaré la
guerra.
Si mañana al subir al Capitolio,
en mi linaje oscuro
vieras solo una sombra de nobleza,
ninguno levantara la cabeza,
que tengo por seguro
les detiene pensar que su grandeza
ante el pueblo se inclina
y un hijo de ese pueblo la domina.

María (Levantándose, aparte.)

(Acudiré a la cita de esta noche.)

(Alto.)                 Y acaso el pueblo duerme confiado
mientras velando tú pierdes la calma.

Rienzi                 Duérmese el cuerpo mientras vela el alma.

María (Con insistencia.)

Breves horas no más ríndete al sueño.

Rienzi (Como hablando solo y dejándose llevar hacia su habitación.)

Lucharé y venceré.

María (Con pasión.)                         Y en tu camino
tranquila me verás siempre a tu lado,
mi destino será cual tu destino.

Rienzi (Con pasión, rodeando uno de los brazos a la cintura de María.)

¡Ángel idolatrado,
yo soy lo terrenal, tú lo divino!

(Se van por la primera puerta de la derecha del espectador.)


## Escena VI

Juana primero, después Pedro Colonna.
Juana (Mirando a todos lados.)

Se fue con Rienzi, la señal olvida
y con ella tal vez el solo medio
para decirle un día a toda Roma
que su nombre es ilustre y no del pueblo.

(Empiezan a tocar las ánimas; las campanas se oyen lejos, Juana toma una luz y la coloca en la ventana, sobre una mesa que habrá cerca de ella. Dirigiéndose con la vista a la habitación de María.)

Mas yo velo por ti, yo que en el mundo
ni hogar, ni patria, ni familia tengo,
yo que te adoro como adora el alma
que ha sentido el calor de los desiertos.

(Termina el toque de ánimas.)

Sabré por fin quién es el que posee
de tu nombre y origen el secreto.

(Entra Colonna embozado, y al ver a Juana da un paso para retirarse.)

Juana (Que le detiene con un ademán.)

María ha de venir, pero es preciso
que, antes de verla, escuches un momento.

Colonna (Sin desembozarse.)

Tengo que hablarla.

Juana (Con energía.)                    Bien, conmigo antes,
y habla con ella si te place luego;
acércate, contempla ese retrato (Le saca.)
y deja lo demás, que pasa el tiempo.

Colonna (Cediendo al tono imperioso de Juana, se acerca, se desemboza y mira el retrato.)

¡La madre de María!

Juana (Con desprecio, al reconocer a Colonna.)

Te esperaba,
Pedro Colonna. ¿Sabes lo que pienso?
que en tu raza no mueren los infames,
y si el hermano de tu padre ha muerto,
tu carta y la venida de esta noche
cual sobrino te aclaman desde luego.

Colonna (Sin hacer caso de los insultos de Juana.)

Sabes entonces que María es hija...

Juana
De un Colonna que noble caballero
supo fingirse de villana estirpe
para mirar cumplidos sus deseos.

(Colonna hace intención de hablar.)

No me interrumpas, porque el tiempo pasa
y quiero hablarte...

Colonna
Lo que no comprendo
es que tú sin razones ni motivo
poseedora te encuentres del secreto;
¿quién eres y qué intentas al hablarme?

| Juana | Quién soy ya lo sabrás, mas lo que intento |
| | es decirte que velo por María, |
| | que no he sabido nunca lo que es miedo, |
| | y una lágrima sola que derrame |
| | podrá costarte la cabeza, Pedro. |

| Colonna | Me asombra que te escuche con paciencia, |
| | que eres sierva y a todos los desprecio. |

| Juana | Despécianos y acaso llegue el día |
| | que te mires esclavo de los siervos. |
| (Colonna se sienta.) | Noble soy como tú; libre mi padre |
| | un tesoro perdió y al verse deudo |
| | de la casa feudal de los Colonnas, |
| | que para negociar le concedieron |
| | mil tornesas, temiendo su venganza |
| | firmó un tratado en que los hijos, luego |
| | que él muriese, la deuda pagarían, |
| | obligándose en caso de no hacerlo |
| | a rendirla tributo y homenaje |
| | y a acatar cual villanos su derecho |
| | Los hijos no pagamos, ¡fue imposible! |
| | y a cambio de un puñado de dinero |
| | toda una raza ilustre fue vendida: |
| | ¡así amontona el feudalismo siervos! |
| | los compra con el hierro o con el oro. |

| Colonna | ¡Tú de mi casa! |

| Juana | Sí; pasando el tiempo |
| | murieron mis hermanos y mi esposo, |
| | que un hijo me dejó: tu noble abuelo |

en Palestrina estaba con tu padre,
y el hermano menor de aqueste, viendo
una tarde a mi hermana, enamoróse;
quiso rendirla con traidor manejo,
y fingiéndose un hijo de la plebe
logró su amor y consiguió su intento;
nació María el día en que mi hijo
de paso en este mundo voló al cielo,
y entonces la infeliz hermana mía,
próxima a sucumbir y conociendo
que el hombre a quien amó la abandonaba,
me hizo depositaria del secreto
legándome su hija...

Colonna (En son de burla.)

¿Y su venganza?

Juana (Le mira con desprecio y sigue.)

Busqué a Colonna, conocióme presto,
y me juró que si al morir quedaba
sin un hijo legítimo heredero,
su fortuna y su nombre dejaría
a la niña infeliz; levantó el feudo
que sobre mí pesaba, me hizo libre,
y a dos ancianos de su casa deudos,
les obligó a adoptar por hija suya
a la hija de su amor, dándoles luego
una fortuna con la cual pudieran
librarse de homenaje; en su derecho
estaba al separarme de María

y nada pude hacer.

Colonna                              Pero no acierto...

Juana (Con impaciencia.)

Déjame terminar y entonces habla.
Colonna de mi sombra tuvo miedo
y no quiso que cerca de su hija
viviese quien guardaba su secreto;
yo que miraba en la inocente huérfana
un porvenir de amor a mis recuerdos,
me eché a sus plantas, supliqué llorando,
y conseguí del hijo de tu abuelo
pasar como nodriza de la niña,
tomándome el solemne juramento
de que jamás mi labio la diría
que el mismo nombre que su madre llevo.
Veinte años hace que callando vivo
y sellará la muerte mi silencio.

Colonna                      ¿Y ese retrato entonces.

Juana                                De María
los padres adoptivos sucumbieron,
pero antes de morir me le dejaron
con el encargo de que andando el tiempo,
si otro retrato igual se me entregaba
pudiese reclamar con justo empeño
la legítima herencia de María.

Colonna              ¿Pues ignorantes los taimados viejos

no sabían la estirpe de la joven?

Juana            Infelices, jamás la conocieron.
Tu tío, ese Colonna maldecido,
veló entre sombras la verdad del hecho.

Colonna          Y al casarla con Rienzi...

Juana            Como hija
con su humilde apellido se la dieron.

Colonna          De manera que tú sola...

Juana            En el mundo
Colonna y yo su nombre conocemos.

Colonna          Colonna ha muerto ya.

Juana            Lo sé, y acaso
¿tú sabes lo que dice el testamento?

Colonna          No puedo responderte, que a María
solamente le importa conocerlo.

Juana            Voy a buscarla, pero nunca olvides
que sangre egipcia en mi linaje tengo.

Colonna          Dame el retrato.

Juana            No, como nodriza
de la niña infeliz guardarle debo.
Si ha de vivir cual hija de Colonna

preséntame otro igual y desde luego
te le daré; hasta entonces con la vida
podrás arrebatármelo del pecho.

(Se va por la puerta por donde salieron Rienzi y María.)


## Escena VII

Pedro Colonna solo.

Mi tío me legó su vasta herencia,
y al hacer testamento
dejó a mi voluntad y a mi conciencia
que buscase a la huérfana María,
y en su nombre, si acaso la encontraba,
dijo me autorizaba
para legarle el título y fortuna.
Mi tío confiaba
en que su testamento cumpliría.
¡Por Dios! No se engañaba,
que yo le cumpliré si esa María
no tiene el alma desgastada o fría.


## Escena VIII

María, seguida de Juana, entra por la puerta de la derecha, primer término. Al ver a Colonna en medio de la estancia, hace un movimiento de asombro. Juana se queda junto al tapiz izquierdo del fondo.

María  ¡Colonna aquí, Dios mío! el pensamiento
túrbase a veces entre sombra vana.

Colonna (Saludándola.)

Noble María...

María (Interrumpiéndole y con acento altanero.)

Sin perder momento
dime al punto qué quieres.

(A Juana.) Vete,
Juana.

(A Colonna.) Sé breve y no levantes el acento;
Rienzi no duerme.

Juana Espiaré cercana.

(Al escuchar la orden de María cruza lentamente la escena y se va
por la puerta de la derecha, cerrando antes la del fondo.)

Colonna (Con tono persuasivo.)

Por su patria y por él pretendo hablarte.

María (Con altanería.)

Por mi patria y por él vengo a escucharte;
como llegaste aquí dime primero
y el nombre del traidor...

Colonna No hubo ninguno.

Entré como le cumple a un caballero:
fui llamado a presencia del Tribuno
para ser de sus actos consejero.
Me retiré sin que me viera alguno,
y al salir en la opuesta galería
esperé la señal que te pedía.

María      No es muy noble tu acción: dime qué quieres.

Colonna      Darte los medios de salvar a Roma.

María      ¿Y para aquesto a Rienzi me prefieres?

Colonna      Rienzi el orgullo de monarca toma;
nada quiero con él, en ti confío;
tu voluntad será la que decida.

María      Y acaso ¿puede tanto mi albedrío?

Colonna (Con gran intención.)

Puede causar la muerte o dar la vida.

María      De tus palabras, Pedro, desconfío.

Colonna      Mañana Roma se verá perdida
si no me escuchas con serena calma.

María      Comienza a relatar. (Cállese el alma.)

(Se sienta.)

Colonna (De pie.)   Mi hermano Esteban por los años yerto,
viviendo en Palestrina retirado,
ignora el pernicioso descontento
que en Roma Nicolás ha levantado.
Representante de mi noble casa
en la ciudad eterna yo me veo,
la fuerza de mi nombre nada escasa,
yo solo por fortuna la poseo.
¡Debes saber, María, cuanto pasa!

María   Todo lo sé.

Colonna                Pues bien, a tu deseo.
¿He de jurar la ley del buen estado,
o me declaro en guerra levantado?

María
(Con vehemencia.)   ¡Que si la has de jurar, Virgen María!
Pedro Colonna, sí, yo te lo ruego;
no guarda más afán el alma mía.
¡No ha de querer al Sol el pobre ciego!
Dime lo que he de hacer, mi vida toda
no pudiera comprar fortuna tanta.

Colonna
(Con frialdad y odio.) Mucho quieres a Rienzi; me acomoda.

María (Suplicante.)

Deja ese acento frío que me espanta,
y dime que he de hacer.

Colonna (Primero con vehemencia y luego con pasión.)

¿Viste en el cielo
la nube que ligera se estremece
y henchida por atmósfera de hielo
sobre la tierra gigantesca crece?
Mi corazón en su amoroso anhelo
a la nube ligera se parece;
el amor que te guarda es tan profundo
que deja en sombras lo demás del mundo.

María (Levantándose con un brusco movimiento y demostrando
en sus ademanes que está espantada de lo que oye.)

¡Jesús qué horror! la mente que delira
pudo fingirme, Pedro, tus palabras;
todo cuanto escuché, todo es mentira.

Colonna (Con ímpetu.)

De Italia y Roma la desdicha labras;
dame tu amor.

María (Con resolución.)

¡Jamás!

Colonna (Con encono.)

Pues bien, mañana
empezará la lucha fratricida.

María (Como si no le oyera y siguiendo con horror los pensamientos de Colonna.)

¡Que te venda mi honor siendo romana!

Colonna (Amenazándola.)

¡Que firmas la sentencia de su vida!

María (Con espanto.)

¡Ah! qué dices, no, no, Dios soberano,
eso no puede ser, Rienzi es querido.

Colonna (En tono de convicción.)

El jefe de los nobles es mi hermano,
si no le juran se verá perdido.

María (Con vehemencia.)

Y esto se llama ¡oh Dios! un ser humano.

Colonna (Acercándose a María.)

Dime que serás mía, y tu apellido
de Colonna, legítima heredera,
podrá saberlo la nación entera.

María (Como si de pronto recordase la carta, la saca del bolsillo, y recorriéndola precipitadamente con la vista, une la acción a la palabra.)

Eso es cierto, tu carta...

Colonna                        Sí.

María                                El destino
en hondo abismo por mi mal me encierra.

(Dirigiéndose a Colonna con vehemencia.)

¿Para qué te pusiste en mi camino,
aborto miserable de la tierra?
Cúmplase tu maldad, cúmplase el sino;
levanta el estandarte de la guerra
y la sangre que vierta el inocente
caiga como baldón sobre tu frente.

(Durante estos últimos versos Juana aparece en el dintel de la puerta por donde se marchó, escucha breve rato y vuelve a retirarse a la terminación de la escena.)

Colonna (Que se halla enfrente de la puerta de las habitaciones de Rienzi, ve venir a éste y hace un movimiento de terror.)

Rienzi viene.

María (Con espanto.) ¡Jesús, estoy perdida!
Retírate.

(Colonna va a salir por la puerta del fondo, y encontrándola cerrada no tiene más tiempo que el necesario para ocultarse detrás del tapiz del fondo, correspondiente a las habitaciones de María.)

Rienzi (Apareciendo por la puerta derecha del primer término.)

Me pareció que hablabas.

María (Haciendo un esfuerzo para serenarse.)

Pudiera suceder, porque dormida...

Rienzi         ¡En pesadilla acaso te agitabas!

(Cruza la escena y se coloca junto a la mesa.)
Yo la tengo despierto, sí, ¡Dios mío!
si no jura esa raza miserable,
¿qué va a pasar en Roma?

María
(Mirando al tapiz.)       Yo confío...

Rienzi         No, María, la guerra inevitable,
y después, no lo sé; si yo pudiera
obligar a Colonna al juramento!

María (Aparte y refiriéndose a Colonna.)

(¡Virgen santa, y lo escucha! Si supiera!...)

Rienzi (Siguiendo la hilación de su pensamiento.)

Pero es tan orgulloso y violento...
Si fuese noble yo le obligaría,
que esa gente fiada en sus blasones

no atiende ni discursos ni razones,
y obedece a dudosa jerarquía.

(Dirigiéndose a María.)

Déjame meditar, esposa amada,
porque al verte tan pura y tan hermosa,
el alma olvidaría enamorada
el fin de una misión harto grandiosa.
Vete, porque al salir la nueva aurora
he de luchar con fuerzas de gigante,
y el hombre que rendido se enamora
no puede ser caudillo, sino amante.

María (Dirigiéndose a su habitación.)

Adiós. (Le salvaré dando la vida.)

Rienzi (Hablando consigo mismo, ínterin sale María. Toma el libro.)

En la historia de ayer voy a fijarme,
y acaso alguna página perdida
me aconseje los medios de salvarme.

María (Al pasar por el tapiz se para y brevemente dice a Colonna.)

Antes de que principie el juramento
quiero hablarte.

Colonna (Con el mismo tono.) Vendré, pierde cuidado.

Rienzi (Que al terminar sus últimas palabras se sentó en el sitial, se refiere al libro que tiene en la mano, y que según él mismo dijo al cogerlo, es la antigua historia de Roma.)

> A mi pesar vacila el pensamiento
> recorriendo la historia del pasado.

Colonna (Sale de detrás del tapiz, echando mano al puñal.)

> (Si muriera... Por Cristo, tal momento
> no lo debo perder.) (Se adelanta con cautela.)

Rienzi (Refiriéndose a la historia.) Asesinado
> murió Graco.

Juana (Sale por la puerta de la izquierda, ve la actitud amenazadora de Colonna, y con un movimiento rápido abre la puerta del fondo, indicándola a Colonna con imponente ademán.)

> (Aquél es tu camino.)

Rienzi (Refiriéndose siempre a la historia.)
> ¡Quién pudiera leer en su destino!

(Cae el telón, dejando a los personajes en la siguiente actitud: a la derecha y en el fondo, Colonna, inmóvil ante la figura de Juana, que en frente de él le señala la puerta con la mano: Rienzi, sentado y meditando con el libro abierto, ignorante de todo lo que ha pasado a su espalda.)

Fin del acto I

# Acto II

Salón del Capitolio: a la derecha del espectador dos puertas que dan entrada a las habitaciones de Rienzi: a la izquierda un balcón por el que se supone ver a lo lejos la plaza del Capitolio. En el fondo gran puerta; a la izquierda mesa, recado de escribir y sitiales. A los dos lados de la puerta dos trofeos, en el uno dos banderas, una de ellas con las armas de Roma; en el otro un estandarte no muy grande que tiene sobre fondo azul floreado de estrellas, una paloma blanca con un ramo de oliva, pendón emblemático del tribuno Rienzi.

## Escena I

Rienzi, Juana.

Juana (De pie al lado del sitial.)

       Y a Esteban ¿le avisaste a Palestrina?

Rienzi (Que está sentado.)

       A poco que saliste de mi estancia
       anoche mismo le avisé.

Juana                     Y no sabes...

Rienzi       Sé que al llegar mi heraldo a su morada
       como una fiera se tornó el buen viejo,
       diciendo que arrojasen de su casa
       al mensajero infame que traía
       noticia que a su estirpe maltrataba:

a poco se calmó, porque parece
que ciertos nobles que con él estaban,
noticiosos de todo lo que en Roma
de algunos días a la fecha pasa,
dijéronle que peligroso era
que en una negativa se encerrara;
y entonces más humano, al mensajero
le dio respuesta terminante y clara.

Juana
(Con vehemencia.)    Y esa respuesta es...

Rienzi                        Que al ser de día
mandaría a decirme si juraba.

Juana (Acercándose a la ventana.)

El Sol ya brilla en el cenit ha rato
y ¿aún nada sabes?

Rienzi                        No.

Juana (Volviendo al lado de Rienzi.)
Maldita raza.

Rienzi        Pero, Juana, aún no vuelvo de mi asombro
cuando recuerdo la perversa trama
que ese Pedro, tan vil y tan infame,
a la pobre María le contaba.
Tú lo escuchaste bien?

Juana (Violentándose al responderle.)

Que sí te digo.

Rienzi          ¿Verdad que lo que dijo fue una infamia?

(Como hablando consigo mismo.)

¡Mi buena esposa, de Colonna hija!
imposible, Dios mío, lo jurara!

Juana          Debes estar tranquilo, pues ya sabes
que todo fue mentira: historia larga
es contarte la vida de María
desde los tiempos de su tierna infancia.

(Con marcada violencia.)

Yo la he visto nacer, y te aseguro
que es humilde su nombre cual su raza.

(¡Oh! Dios mío, valor!)

Rienzi                            Ese Colonna
miserable que intenta deshonrarla,
hoy mismo se verá bajo mi yugo,
y acaso su cabeza ensangrentada
anuncie a Roma que las leyes mías
han podido cumplirse sin jurarlas.
Gracias a ti, de lo pasado anoche
tengo noticias, y por Dios que el alma
no olvidará jamás lo que te debe. (Se
levanta.)
Pídeme lo que quieras, noble Juana.

| | |
|---|---|
| Juana | Pues bien, te pido que tu esposa ignore<br>que contigo yo hablé. |
| Rienzi | Te doy palabra<br>que nada le diré. ¿Estás contenta? |
| Juana | Gracias, señor. ¿Olvidarás la carta? |

Rienzi (Se dirige hacia su habitación, pero antes le enseña a Juana la carta.)

Aquí llevo esa cita maldecida
que trajo los disgustos a mi casa.

| | |
|---|---|
| Juana | Que no sepa María que la tienes,<br>pues yo se la pedí para quemarla. (Vase<br>Rienzi.) |

## Escena II

Juana sola.

Este monólogo depende completamente de la actriz. Se dirige con la vista y la acción por donde salió Rienzi.

La verdad no sabrás, no por mi nombre;
al brillar en Oriente el nuevo día
rodó al fondo del Tíber el retrato,
la única prueba que en el mundo había
del verdadero nombre de María.
Yo moriré callando:
¡hija del alma, tu mejor corona

es la virtud! el oro de tu herencia
no se puede cambiar por tu deshonra;
no hay nada en la existencia
para borrar las manchas de la honra.


## Escena III

Juana, un Paje y un Heraldo.

Paje                    Pasad, heraldo. Juana, ¿y el Tribuno?

Juana (Mirando fijamente al Heraldo.)

                        Ha poco retiróse hacia su estancia.

Paje                    De la casa feudal de los Colonnas
                        viene este heraldo y verle me demanda.

Juana                   No le detengas y al Tribuno avisa;

(Al ver que el Paje se dirige solo a la habitación de Rienzi.)

                        pero no, que a la fiesta se prepara
                        y te hiciera esperar; llévale al punto.

Paje (Al oír a Juana se detiene.)

                                        Y si me dice...

Juana                   No, no dirá nada.

Paje (Indicando al heraldo la puerta y saliendo con él.)

Por aquí.

Juana                 Ojalá que no me engañe,
pero al mirar al mensajero, el alma
me dijo en su lenguaje misterioso
que al juramento Esteban se prepara.


## Escena IV

Juana, Paje.
Paje (Mirando a la estancia de Rienzi.)

Lujoso está el Tribuno, por mi nombre.

(Ve a Juana, que está junto al sitial en actitud pensativa, y se dirige
a ella.)

¿Verdad que es hermosísima la fiesta?
¿No me escuchaste, Juana? ¿qué respondes?

Juana (Distraída.)

No bajé a la ciudad.

Paje                  Roma presenta
tan vistosos y ricos atavíos
como la mente en el delirio sueña;
las calles de tapices adornadas;
las ventanas con flores y preseas;
el caballo que rige Marco Aurelio

aunque es de bronce, sobre la alta piedra
vierte a raudales espumoso el vino
por la ancha boca con el freno abierta.
Cruzan las calles en alegre danza
y dándose las manos mil parejas,
en tanto que resuenan los clarines
y tremolan al viento las banderas.

Juana (Que saliendo de su distracción, oyó con atención las últimas palabras del Paje.)

Muy alegre está el Paje a lo que veo.

Paje
Estoy alegre como Roma entera.
Y ¿cómo no? cuando tenemos leyes
que causarán la envidia de la tierra.

Juana (Con tristeza.)

Leyes que acaso el pueblo las rechace.

Paje
Tú sola pensarás tanta demencia.
Si vieras hoy lo que sucede en Roma
olvidaras al punto tus ideas.
Con briales lujosos las señoras
y con sayal humilde la plebeya,
con tosco paño el campesino rudo
y el noble con escudo y con cimera,
todos se apiñan en confuso grupo
para ver al Tribuno, y no lo hicieran
si Rienzi no le diese a nuestro pueblo
unas leyes tan sabias cual discretas.

Gracias a él, el homicida es muerto,
y dispuestos al punto a la pelea
cada cuartel de Roma tendrá fijos
cien hombres; además a la nobleza
la obliga a hundir sus torres y castillos
y le quita la guarda de las puertas
de nuestra gran ciudad; rinde el orgullo,
de esa gente tiránica y soberbia
haciéndola jurar solemnemente
que a sus mandatos prestará obediencia;
asegura la paz en los caminos
y habrá graneros do con mano abierta
se les dará a los pobres alimento
si apareciese el hambre o la miseria.
Estas leyes tan sabias y precisas
¿se pueden olvidar?

Juana                                El tiempo abrevia
lo que jamás el pensamiento humano
lograra prevenir y, aunque no creas,
te aseguro que el paso de la historia
otras leyes más sabias nos presenta
hundidas entre el polvo del olvido
o tenidas cual sombras pasajeras.
Además esa ley no está jurada,
y aunque al pueblo le agrade, la nobleza
puede muy bien negarse a recibirla
y entonces, claro está, viene la guerra

Paje            Pues bien, pelearemos. ¡Qué demonio!
no siempre ha de ser nuestra la prudencia;
acaso lograremos enseñarles

que con el pueblo débil no se juega,
y que si ha consentido toda Roma
esas luchas feroces y sangrientas
de Colonnas y Orsinis, llegó el caso
de ponerlos en paz, aunque no quieran.
El Tribuno será nuestro caudillo
y con él ganaremos la pelea
y habremos de matar tantos barones
como ellos matan de la clase nuestra;
que a la ley del Estado se resistan
y te juro... me voy, que Rienzi llega. (Se va.)

Juana (Sola. Este monólogo depende de la actriz.)

¡Pueblo!, ¡nobleza! ¡Oh Dios! Delirios vanos
que empecéis esa lucha fratricida!
pueblan el mundo siervos y tiranos;
¡Mientras no se confundan como hermanos
jamás la ley de Dios será cumplida!
¡La nobleza... ignorante, el pueblo... imbécil!
¡Cuanta sangre vertáis toda perdida!
Faltan ciencia y virtud... ¡aún esta lejos
la redención completa de la vida!


## Escena V

Juana, Rienzi, Heraldo.
Rienzi (Lujosamente vestido para la ceremonia del juramento; sale
de su estancia seguido del Heraldo, y en el segundo término de la
escena habla con él.)

Decidle si le halláis al noble Esteban

que la última en jurar será su casa,
pues desde Palestrina al Capitolio
tres horas por lo menos hacen falta;
y a más decidle que su hermano Pedro
ignora mi mensaje y su demanda.

(Se dirige hacia Juana.)

Heraldo (Antes de salir por la puerta del fondo.)

Adiós, señor.

Rienzi (Dirigiéndose primero al Heraldo y luego a Juana.)

Que Dios os guarde. El cielo
protege al inocente; mira, Juana.

Juana (Se apodera con rapidez del pergamino que le da Rienzi, y
después de recorrerle con la vista se lo devuelve. Con vehemencia.)

¡Vendrá Colonna!

Rienzi                          Sí; de Palestrina,
esa villa con puentes y almenada,
ya habrá salido en dirección a Roma,
y cual representante de su casa,
me promete prestar el juramento
en atención a su querida patria.

(Estas últimas palabras las dice Rienzi con intención.)

Juana          ¡Qué falso!

Rienzi        Mucho; solo por el miedo
se rinde complaciente a mis instancias.

Juana        Y Pedro, ¿nada sabe?

Rienzi                No, y Dios quiera
que ignore por completo lo que pasa.

(Se sienta junto a la mesa.)

            Y María, ¿salió?

Juana                Sí, fue a San Pedro.
        ¿Me necesitas?

Rienzi            No.

Juana            Voyme a buscarla. (Se va.)

Rienzi        (Solo, recorriendo con la mirada el mensaje de
        Esteban Colonna.)

        Cedió, y a mi pesar, aún desconfío.
        ¿Llegaré a dominar su altiva raza?

(Deja el pergamino.)

        ¡Sombras ilustres de romanos todos
        que veis la lucha que sostiene el alma,
        acudid a mi pobre pensamiento,
        dadme la fe! mi empresa levantada

puede ceñirme de inmortal renombre
y abrir camino al porvenir de Italia.


## Escena VI

María, seguida de Juana y de dos camareras, entra por la puerta del fondo con una carta en la mano; se quita el manto, que lo da a una de ellas: éstas y Juana se van por la derecha y ella se adelanta hacia Rienzi, que está sentado.

María (Después de quitarse el velo y al dirigirse al centro de la escena.)

(Aparte.)               (Dios atendió mi ruego, y a mi alma fortaleza
                        le da para la lucha.)

(Ve a Rienzi y se dirige hacia él con cariño.) ¡Rienzi!

Rienzi (Se vuelve a la voz de María, se levanta y se abrazan.)

                        Mi amor.

María (Despréndese de sus brazos.)

                                    ¡Lograste ya la calma!

Rienzi (Con pasión e intención doble.)

                        Un alma grande necesita mucha.

(Viendo el papel que trae María.)

¿Qué papel es aqueste?

María                 (Refiriéndose al papel.)
Roma entera
le pregona cual nuncio de alegría,
y tu querida esposa la primera
quiso decirte lo que en él había.
La lira del Petrarca te saluda
como jamás le saludó a ninguno,
y aunque se torne la fortuna ruda,
tu fama pasará, noble Tribuno!

Rienzi (Con altivez.) Si el alma mía levantó su vuelo
nunca fue por lograr palma de gloria,
que guarda muchos mártires el cielo
ignorados del hombre y de la historia.
Hónrame que el Petrarca, astro divino,
cuyo genio a los hombres les aterra,
me salude al cruzarse en mi camino:
mas si no he de cumplir con el destino,
¡qué me importan las glorias de la tierra!

María                 Acaso con el canto del poeta
se enaltezcan los hechos de tu vida,
si la historia fingiéndose discreta
débil o apasionada los olvida.

Rienzi                Dame la carta.

María                      No, leerla quiero,
que si la fama tu virtud pregona,

yo que a todo en el mundo te prefiero,
voy a ceñirte la mejor corona.

(Leyendo.)

«¡Salud, romanos! ¡pueblo cuya fama
»es antorcha del mundo,
»antorcha que en fulgores se derrama
»sobre el centro profundo
»y en la inmensa región que el Sol inflama.
.............................................
»La libertad se sienta a vuestro lado;
»madre del hombre, diosa de la suerte,
»es una emperatriz cuyo reinado
»no se puede acabar ni con la muerte.
»Se aduerme de pesar estremecida,
»o se aleja del pueblo temerosa
»cuando siente una lucha fratricida.
»No la busquéis en noche tenebrosa,
»la libertad es lumbre de la vida.
»Velad por ella como amantes hijos,
»y con los ojos fijos
»en la cumbre del alto Capitolio,
»obedeced al salvador de Roma,
»¡al héroe que levanta la paloma
»entre los pliegues fúlgidos del solio!
»Con el puñal sangriento de Lucrecia
»este nuevo Camilo en su venganza
»hará de Roma la moderna Grecia;
»tan solo en él fijad vuestra esperanza,
»y unidos bajo el trono de su gloria
»pasaréis a los siglos de la historia.

»Y tú, noble mortal predestinado,
»tú, que viendo las sombras del pasado
»sigues de Bruto y Rómulo el camino
»y a tu pueblo infeliz y desgraciado
»le das un rayo del fulgor divino;
»tú, si quieres cumplir con el destino
»no abandones jamás a tus hermanos,
»que si muere la fe de tus conquistas
»se alzarán imponentes los tiranos.
»¡Gloria a tu nombre, gloria a tus hazañas,
»patricio ilustre de la altiva Roma;
»por ti la Italia con naciente vida
»contempla engrandecida
»el águila feudal que se desploma;
»por ti la libertad, pura y triunfante,
»alumbrará nuestros sepulcros yertos
»y la cuna tranquila del infante.
»Yo te saludo, protector del hombre.
»¡Romanos del ayer! ¡Paso a su nombre!»

Rienzi (Entusiasmado con las frases que le dirige el poeta, exclama:)
         ¡Honra del mundo! con tu hermosa lira
         de polvo de tierra me levantas.
         ¡Tu ardiente corazón! ¿dónde se inspira?
         inmortal ha de ser lo que tú cantas!

María (Siguiendo el pensamiento de Rienzi.)

         Su apasionado corazón respira
         en el ambiente de las cumbres santas,
         nuevo Sol en los cielos de levante
         prosigue el rumbo que le enseña el Dante.

## Escena VII

Dichos y un Paje.

Paje                  La hora se acerca y en la plaza
clama el pueblo por veros.

Rienzi
(Al Paje, que se va.)              Presuroso
voy a bajar, que todo se prepare.

(A María.) El acto es muy grandioso
y quiero que contemples a tu esposo
desde aqueste balcón. ¿Ves? (Se dirige al
balcón.)

María
(Distraída y aparte.)          (¡Oh Dios mío!,
ya tarda y desconfío.
¿Qué nueva trama fingirá el villano?)

Rienzi (Volviéndose hacia María.)

No me escuchaste?

María (Distraída.)             Sí.

Rienzi               (Tomándola de una mano.)
¡Pero es desvío
el que me niegues tu querida mano!

María (Volviendo en sí y con vehemencia.)

> ¡Desvío para ti, alma del alma!;
> acaso tiemblo, y el temor insano...

Rienzi (Con pasión.) Puede ofuscar tu corazón amante?

María
(Con vehemencia.)    No, Rienzi, no, jamás el alma mía
recibirá tu amor callada o fría.


## Escena VIII

Los mismos, capitanes de la guardia del Capitolio, heraldos, pajes y escuderos: un heraldo toma el pendón emblemático del Tribuno y otros dos las banderas del otro trofeo. El que toma el pendón se coloca delante de todos, siempre en segundo término de escena.

Paje    En el regio salón del Capitolio
el legado del Papa os espera.
El de Orsini en la plaza se aparece.

Rienzi (Hablando consigo mismo.)
¡Un sueño me parece!
Esa raza tan fiera
por fin a mis designios obedece.

(Dirigiéndose a María.)

> La ceremonia es breve. Adiós, María;
> con el santo laurel de esta victoria

se ceñirá la tumba de mi hermano,
viéndose en los anales de la historia
cómo se venga el que nació romano.

(Al dirigirse a la puerta se para delante de su estandarte y en un arranque de entusiasmo se dirige primero a él y luego a sus servidores.)

¡Emblema sacrosanto, castísima paloma,
jamás he de olvidarte, lo juro por mi fe;!
el nuevo Sol anuncia la libertad en Roma,
y hundiendo los castillos su triunfo te daré.
*En las naciones todas y en los remotos
mares
*la fama de tu nombre volando llegará,
*los reyes y los pueblos te elevarán altares
*y al mundo estremecido tu luz asombrará.

(Dirigiéndose a cuantos hay en escena, los cuales durante estos versos dan señales de entusiasmo y admiración.)

*Por alcanzar justicia se eleva el pensamiento
*rasgando las tinieblas del hondo porvenir,
*la libertad se anuncia allá en el firmamento.
*¡Romanos, alcanzadla! y no temáis morir.

(Toma su estandarte.)

¡Protege mi destino, que sigan las edades
la senda de la vida, de tu reflejo en pos!
que brillen en los siglos del tiempo las
verdades

como las quiere el hombre, como las guarda
Dios.

(Rienzi sale con el estandarte en la mano, seguido de todos, menos
de María.)


## Escena IX

María sola.
María (Sigue con la vista desde la puerta del fondo la marcha de
Rienzi y se acerca lentamente a la ventana, parándose en medio de
la escena para decir los primeros versos del monólogo. Se refiere
a Rienzi.)

> Su espíritu del mundo separado
> contempla al hombre con la luz del cielo.
> ¿Estará equivocado?
> ¡Tal vez la raza humana en su camino
> no llegue a ver el resplandor divino!

(Acercándose a la ventana. Pausa.)

> Ya la plebe se ciñe ante su paso
> cual las nubes se alejan al ocaso
> cuando el Sol se presenta
> entre las sombras mil de la tormenta.
> (Pausa.)
> Un rayo de su lumbre le acaricia. (Se dirige al
> Sol.)
> ¡Soberano del cielo

que tornas en purísimas corrientes
los témpanos de hielo!
¡Oh, Sol que como antorcha de los astros
prendes con hebras de oro mil zafiros!
tal vez se apagará tu lumbre hermosa
sin que pueda olvidar el alma mía
el venturoso día
en que me viste de mi amante esposa.
Momento por el cielo preparado!;
tú vivirás en mí como la yedra,
eterna compañera de la encina;
ídolo de mi amor, esposo mío,
jamás el alma llegará a perderte,
mil veces antes me daré la muerte.

(Este monólogo depende completamente de la actriz.)


## Escena X

María y Colonna, después Juana. Colonna entra por la puerta del fondo medio embozado en su manto y como agitado y temeroso. Colonna (Sin ver a María.)

Por fin llegué, cruzando los salones
entre pajes y heraldos confundido
pude pasar.

María (Que sigue en la ventana viendo la ceremonia, no ha sentido a Colonna.)

Le siguen cien legiones

Colonna (No en balde tengo fama de atrevido.)

María (Siente ruido, se vuelve y ve a Colonna.)

¿Quién llega aquí? (Al verle.)
¡Dios mío!

Colonna (Avanzando en medio de la escena.)

Aquí me tienes.
Mis gentes en mi casa preparadas
para salir están; si me detienes,
se acabará la fiesta a cuchilladas
y morirá la plebe y el Tribuno.
¿Serás mía? Responde, el tiempo pasa.
Rienzi en la plaza está, no falta uno
de cuantos nobles hay.

María                                              Pero tu casa,
acaso no es la última en la jura?

Colonna          Sí, mas si no me ven, esa nobleza
no ha de jurar.

María                                No pienses tal locura.
Orsini es tu enemigo declarado,
y por causarte enojos juraría.

Colonna (Con cinismo.)

Cuando surge un peligro inesperado

nuestra raza se pone en armonía.
Orsini hará lo que Colonna hiciere.

(Se oye un toque de clarín.)

Los clarines anuncian...

María
(Con desesperación.)     ¡Cielo santo!

Colonna (Con pasión y acercándose a ella.)

¿Tu amante corazón no me prefiere?

María (Con horror y alejándose.)

Calle tu lengua, que me causa espanto.
No me dijiste anoche que mi cuna...

Colonna          Tu padre fue un Colonna...

María                                    Cuál...

Colonna
(Interrumpiéndola.)                  Su herencia
recae en ti.

María                      Pues bien...

Colonna
(Interrumpiéndola.)     Mas por fortuna
yo solo he descubierto tu existencia.

| | |
|---|---|
| María | Quiero creer que es cierto lo que escucho; |
| | jura la ley y cedo mi derecho. |

Colonna (Con cinismo.)

Inútil sacrificio; fuera mucho
si no estuviera el testamento hecho.
Mi voluntad y mí conciencia solo
pueden darte tu nombre y tu riqueza.

María (Con ira.) Hábil estás en la maldad y el dolo.

Colonna (Con tono de amenaza.)

Que peligra de Rienzi la cabeza.

María (Con espanto y vehemencia.)

¡Oh Dios mío!... Pues bien, jura... y
mañana...

(Aparte.) (Entre la muerte buscaré la vida.)

Colonna       ¿Quién me asegura tu palabra vana?

María (Con espanto.)

Pues qué pretendes, ¿di?

Colonna                                      Comprometida
por una carta...

María (Con indignación.) Tu conciencia humana
             es de un genio infernal digna guarida.

(Se sienta junto a la mesa y toma la pluma.)

             Dicta la carta, corazón maldito,
             y acaso te horrorice tu delito.

Colonna (Dictando.)

             «Dame mi herencia; de la estirpe mía
             »el nombre ilustre en la ciudad pregona,
             »que pueda yo ceñir feudal corona
             »y ven a por mi amor...»

María
(Con indignación.)        ¡Qué vil!

Colonna (Dictando.)           «María.»

María (Al concluir la carta oye rumor y se levanta.)

 (Se acerca a la ventana.)

             ¡Oh cielos, qué rumor! la plaza entera
             entre gritos y vivas se estremece.

(Al ver lo que pasa en la plaza.)

             ¡Virgen santa!

Colonna (Acercándose a la ventana también por detrás de María.)

¿Qué es ello?

María
(Con entusiasmo.)               Que aparece
enfrente del Tribuno tu bandera.

Colonna (Con ira.)      ¿Qué dices? ¡Maldición!

María (Señalando con la mano hacia la plaza.)

Sigue la mano;
mira junto al altar una figura.

Colonna (Siguiendo la indicación de María y con indignación.)

¡Esteban de Colonna!

María
(Con entusiasmo.)          Sí, tu hermano,
que al pie del ara la obediencia jura.

Colonna (Separándose de la ventana.)

Quién le pudo avisar, ¡suerte maldita!

María (Sin volver la vista a Colonna y siempre junto a la ventana.)

Pedro, tu estirpe cede dominada.

Colonna (Toma la carta escrita por María y se dirige hacia la puerta del fondo sin que María se aperciba de ello.)

(Aparte.) (Pero al fin te perdiste, desgraciada,
que tu deshonra me la llevo escrita.)

María (Se separa de la ventana y ve que Colonna se ha ido.)

Se fue como el leopardo perseguido.

(Recuerda la carta y la busca sobre la mesa. Al ver que no está se siente poseída de terror. Este momento solo la actriz puede interpretarlo.)

Mi carta! ¡Oh Dios, mi carta se la lleva!.

(Llamando.)

Juana, favor; ¡Colonna maldecido!
esta carta de infamia es una prueba.

Juana (Entrando.) ¿Qué sucede?

María (Con vehemencia.)

Colonna, por ruin medio,
una carta arrancóme: pronto, Juana,
recóbrala por Dios o sin remedio
sin honra alguna me veré mañana.

(Indicando a Juana, que está dispuesta a salir, la puerta por donde se fue Colonna.)

Por allí...

Juana (Va a salir y ve a Rienzi, que se supone entra en aquel momento en el salón anterior.)

Rienzi llega.

María (Con terror.)            ¡Suerte impía!

Juana (Dirigiéndose a María la toma una mano.)

Ten confianza en mí, juro salvarte,
pero no estés aquí, vete, María.

(La lleva hacia la puerta derecha.)

María (En tono suplicante antes de salir de escena.)

Juana, mi honor.

Juana                        Procura serenarte.

(Sola, dirigiéndose a la puerta del fondo.)

¿Quién pudiera esperar tal villanía?

Rienzi (Desde dentro.)

Levantad en la Plaza mi estandarte
y sujetad al pie de sus borlones
de Orsini y de Colonna los pendones.

Juana        No viene solo, no, rudo destino,
             más tarde le hablaré. (Se va.)


## Escena XI

Rienzi; después un Paje.
Rienzi (Delante de la puerta y en el otro salón, se dirige a los que
se supone le vienen acompañando.)

                            Nobles romanos,
             la libertad por fin nos hace hermanos.
             No lo olvidéis, abierto está el camino.

(Entrando en escena solo.)

             Corazón, ya cumpliste tu deseo,
             ya vacila el poder de la nobleza
             y la unidad de Italia en Roma empieza;
             ya el porvenir sobre la patria veo.

Paje         Señor, Pedro Colonna, dentro espera.

Rienzi (Hablando consigo mismo.)

             No tardó en acudir a mi llamada.

(Al Paje.) Que entre al punto.

(El Paje se va.)                            Veremos si esa
             fiera

para siempre la tengo dominada.


## Escena XII

Pedro Colonna y Rienzi, después María.
Colonna (Entra por la puerta del fondo.)

A tu palacio, Rienzi, me has citado.

Rienzi

Y me complace que a la cita vienes.

Colonna

¿Necesitas algún nuevo tratado?

Rienzi

Si a lenguaje más llano no te avienes
bastante con lo dicho hemos hablado.

Colonna

¡Que hables de orgullo tú que tanto tienes!

Rienzi (Con intención sarcástica.)

A barones de excelsa jerarquía
se les debe tratar con hidalguía.

Colonna (Con impetuoso ademán.)

Dejémonos de sátiras y al hecho;
¿qué concesión, qué apoyo necesitas?

Rienzi (Acercándose a Colonna.)

Si tienes corazón dentro del pecho,

si me dejas hablar y no te irritas
consejo me darás sobre un derecho
que a preguntarte voy y así me evitas
que la mente orgullosa y ofuscada
sentencie con pasión o equivocada.

(Estos versos han de decirse con una gran intención.)

Colonna (Se acerca a Rienzi, como si de mala gana y solo por condescender, consintiera en oírle.)

No me honra mucho ser tu consejero.

Rienzi (Sin hacer caso de este insulto de Colonna, sigue en el mismo tono.)

Si algún villano, siervo de tu raza,
por odio, por venganza o por dinero
en ruin manejo y con artera traza
te ultrajase en tu honor de caballero
en las lides de amor o de la plaza,
tu justicia feudal, dime, ¿qué haría
si descubierto fuese?

Colonna (Con acento breve.) ¡Le ahorcaría!

Rienzi (Dando un paso hacia atrás y cambiando de entonación.)

Usando ese derecho, que es preciso,
con severo rigor voy a tratarte,
que la fortuna veleidosa quiso
que tú mismo llegaras a juzgarte.

Ya que fuiste tan claro y tan conciso,
¡Colonna! te diré que voy a ahorcarte,
pues con maña infernal, traidor e impío,
has querido ultrajar el nombre mío.

Colonna (Con tono insultante y además provocador.)

Traidor me llamas y en traidor manejo
relatando una historia que es mentida,
traidoramente pides mi consejo

Rienzi (Interrumpiéndole y con vehemencia.)

Mas sin traición te quitaré la vida.

Colonna (Con orgullo.)

Pudiera suceder, si te la dejo;
pero tenemos tu ambición medida,
y si en lucha sangrienta se abalanza,
el primero caerás en la matanza.

Rienzi (Le enseña la carta que Juana le ha entregado, que como ya
se sabe, es la que Colonna le escribió a María, amenazándola con
la caída y muerte de Rienzi.)

¡Ves esta carta de tu mano escrita,
cada infame renglón tu sangre clama!

Colonna (Mira la carta y disimula su impresión bajo un tono de
desprecio.)

Tu ambición mi cabeza necesita,
y a una carta leal infame llama;
¡hallas acaso una ofensa en una cita...!

Rienzi (Con vehemencia.)

Es villano imponérsela a una dama,
diciéndola en lenguaje misterioso
que de no obedecer pierde a su esposo.

Colonna (Al escuchar las palabras de Rienzi cobra nueva osadía,
pues supone que Rienzi ignora cuanto ha pasado entre María y él,
y como la carta que le enseña no prueba nada, contesta a Rienzi
con tono insultante.)

(Nada sabe por fin.) (Alto.) Basta, Tribuno;
esa carta fue mía, no lo niego;
pero no miro en ti derecho alguno
sobre mi estirpe, y solo como juego
pude seguir tu diálogo importuno.
¿Te olvidas de quién soy, iluso y ciego?

Rienzi (Con ironía y desprecio en los primeros versos, y después
con indignación.)

Eres, si no me falta la cabeza,
un ilustre barón de la nobleza:
de esos que mira el pensamiento mío
como un castigo de la humana raza,
que debieran estar, ¡no desvarío!
encerrados con grillos y mordaza.

(Movimiento de Colonna, que ante las palabras de Rienzi, da un paso hacia él, poniendo mano al puño de la espada.)

> No te asombres; que al ver el poderío
> que ostentáis en la guerra o en la caza,
> pienso ver entre lanzas y bridones
> cuadrillas de asesinos y ladrones.

Colonna (Con violencia y sacando a medias la espada.)

> ¡Detén la lengua, Rienzi, que aún mi espada
> puede cortar de un golpe tu destino!

Rienzi (Interrumpiéndole y sin hacer caso de su furor, como si relatara los crímenes de los barones.)

> ¡La castísima Virgen profanada,
> robado el viajero en su camino,
> sin honra el artesano en su morada,
> vilmente asesinado el peregrino,
> hechos son, que grabados en la historia,
> cubrirán de baldón vuestra memoria!

Colonna (Ciego de ira, mientras oye las palabras de Rienzi, busca frases con que herirle y le dice con encono.)

> Pero en tanto, ese pueblo envilecido
> ha de sufrir nuestra ferrada planta.
> Si neciamente piensa que ha dormido
> y en loco desvarío se levanta,
> será para caer mudo y rendido,
> con un nuevo dogal en su garganta;

que la suerte precisa del villano
tiene que ser de siervo o de tirano.

Rienzi (Siente la herida que le causan estas palabras y responde con vehemencia.)

¡No! ¡Vive Dios! salvarle yo pretendo
del yugo vergonzoso en que se halla,
por eso a vuestros planes no me vendo,
quiero ganar yo solo la batalla.

Colonna (Gozándose en sus palabras.)

¡Tu cabeza sangrienta ya estoy viendo
digno trofeo de la ruin canalla!

Rienzi (Con arrebatador entusiasmo y cual si contestase a Colonna.)

¡Con sangre por los mártires vertida
se escriben las conquistas de la vida!

Colonna (En tono despreciativo.)

Entusiasmo furioso de heresiarca.

Rienzi (Con ademanes sublimes.)

¡Fulgor divino de la luz del cielo
donde el poder de Dios su huella marca!
¡Él levanta mi espíritu del suelo!

Colonna (Con sarcasmo.)

¿Aprendiste esa cita del Petrarca?

Rienzi (Con indignación y desprecio.)

¡Corazón de chacal y alma de hielo!
¡Qué sabes tú de Dios ni de la vida
si tienes la conciencia entumecida!

Colonna (En tono de burla.)

Y la tuya dormida en ambiciones,
la tuya cuyo fondo no concibo,
¿puede acaso elevarse a las regiones
donde reina la luz, villano altivo?

María (Entra en escena por la primera puerta de la derecha, a la
que Rienzi da la espalda, oye las últimas dos palabras de Colonna
y se adelanta en medio de los dos, contestando a éste.)

Nunca fue Rienzi siervo de barones.

Colonna (A María, con tono protector.)

Como a loco le trato compasivo.

Rienzi (Al escuchar la voz de María, se vuelve hacia ella tendién-
dola sus brazos, que ella se apresura a estrechar. Con entereza,
dirigiéndose a Colonna y sin separarse de María.)

Cuanto dicen los sabios es locura,

y al fin se torna en la razón segura.

Colonna (Al ver a María en los brazos de Rienzi, siente el aguijón de los celos, y con ademán de rencor y de odio se dirige a Rienzi.)

Traición no más te guarda entre sus brazos;
para lograr su verdadero nombre
vende su honor.

María (Comprendiendo la intención de Colonna.)
¡Jesús!

Colonna (Enseñando a Rienzi la carta que María escribió en una de las anteriores escenas, y que como ya se sabe prueba su complicidad con Colonna. De leer Rienzi esta carta, María está perdida; ella lo cree así y se cubre el rostro con las manos, horrorizada de la infamia de Colonna que, sabiendo su inocencia, intenta deshonrarla.)

Mira sus lazos.

Rienzi (Con un movimiento espontáneo y rápido se apodera de la carta, y uniendo la acción a la palabra, la rompe sin leerla.)

Indigno me creyera de ser hombre,
si no la desgarrara en mil pedazos.

María (Levantando la cabeza y con un arranque de entusiasmo, dirigiéndose a Colonna.)

¡Y aún dudarás que al mundo no le asombre
aprenda a conocer tu raza impía

donde están la virtud y la hidalguía!

Rienzi (Coge de la mano a María, la separa del lado de Colonna, y
poniéndose enfrente de él, le dice con ademán altanero:)
Y basta ya por Dios; con dura mano,
comprenderéis mejor nuestras quimeras.
Vete de aquí, Colonna, y a tu hermano
dile que al ser de día mis banderas
guiadas por el pueblo soberano,
victoriosas por montes y laderas,
llevarán al confín de las naciones
mil cabezas sangrientas de barones.

Colonna (Viendo que al fin se decide Rienzi por la guerra, hace un
movimiento de alegría, como si viera conseguidos sus más grandes
deseos, y apostrofa a Rienzi con energía.)

A la lucha, tirano maldecido,
no desistas ¡por Cristo! de esa guerra
que lanzará tu nombre escarnecido
hasta el último reino de la tierra.
A la plebe convoca, lo has querido;
no pienses, no, que el corazón se aterra;
que bastan a espantar la vil canalla
nuestros bravos corceles de batalla;
aún las almenas orlan los castillos

(Crece su entonación.)

y en las torres se ven nuestros pendones;
aún gimiendo resbalan los rastrillos;
aún diadema tenemos los barones.

Necesitáis para romper los grillos
cadáveres y ruinas a montones;
que ese pueblo provoque a la nobleza
y rodará su sangre y tu cabeza. (Se va.)

Rienzi (Esforzando la voz.)

¡Pudiera ser, tu raza es homicida!

María (Echándole los brazos al cuello.)

¿Dudarás si la fe que te he jurado
a ese infame traidor le fue vendida?

Rienzi (Con pasión.)

¡Dudar de ti! ¿Del alma yo he dudado?

María (Con pasión el primer verso, y dirigiéndose en el segundo
hacia la puerta por donde salió Colonna.)

Pues a luchar hasta perder la vida.
¡Nobleza, la batalla ha comenzado!

Rienzi (Con entusiasmo y en tono profético.)

Y acaso en los anales de mi historia
se levante el fulgor de la victoria.
Aún castillos tenéis; pero el cimiento
por el peso del tiempo socavado,
puede que se derrumbe en el momento
en que Rienzi se siente en el Senado.

¡Pueblo! libre serás, que el pensamiento
empieza a dominar sobre el pasado,
y en mil pedazos rotas tus cadenas
colgadas han de ser de las almenas.

(Se van juntos. Cae el telón.)

Fin del acto II

# Epílogo

Gran salón del palacio del Capitolio. A la derecha del espectador dos puertas; la de primer término conduce a las habitaciones de los esposos Rienzi, la otra a la sala del trono. A la izquierda del espectador, en primer término, una ventana, y en segundo una gran puerta que comunica con otros salones inmediatos al vestíbulo o entrada principal del palacio: en el fondo un gran balcón: este balcón ha de tener una balaustrada muy baja, que permita ver a los personajes del drama cuanto sucede en la plaza del Capitolio, se entiende sin salir de la escena; a los dos lados del balcón dos trofeos de armas al alcance de la mano. En el de la derecha y sirviéndole de remate, el pendón azul, distintivo de Rienzi. Entre la última puerta de la derecha y el trofeo, una pequeña puerta secreta, cuya llave estará en una cajita sobre un mueble de la habitación. Toda la parte del fondo, comprendida entre el balcón y los bastidores de la derecha, tiene que estar dispuesta para derrumbarse en la última escena, dejando descubierto el pasillo o corredor a que da entrada la puerta secreta. Dicho pasillo ha de presentar en esta escena un montón de ruinas incendiadas, que sin embargo dé fácil entrada al actor que por ellas ha de salir. A un lado y otro de la puerta de la izquierda, dos grandes lámparas o candelabros de la época, los cuales han de estar encendidos durante todo el acto. Mesa y sitial a la izquierda. A la mitad del acto empieza el amanecer. El balcón del fondo cerrado con vidrieras de color. La ventana entornada. Han pasado siete años desde el acto segundo.

## Escena I

Rienzi solo, después un Capitán.

Rienzi (Sale por la puerta de la derecha, primer término.)

De mí se aleja el sueño y en el alma
un recelo sin forma me atormenta
con la terrible calma
que suele preceder a la tormenta. (Pausa.)
¿Qué sucede? ¿por qué mi pensamiento
recordando el ayer triste y sombrío
se pierde en el vacío,
y al pensar en mañana
lucha angustioso entre la sombra vana?

(Acercándose a la ventana y abriéndola.)

Aún es de noche y en el sueño duerme
la eterna Roma.

(Separándose de ventana.)

¡Oh Dios! el alma mía
¡ya de todo en el mundo desconfía!

Capitán (Llamando a la puerta.)

Señor, señor.

Rienzi                                    ¿Quién llama?

Capitán            ¿Dais permiso?

Rienzi                                    Entra: ¿qué quieres?

Capitán (Entrando, pero en el último término y aparte.)

(¡Oh!... no está en el lecho.)

(Alto.) Capitán de la guardia de palacio,
        de lo que ocurre preveniros debo.

Rienzi (Sentándose y casi distraído.)

        ¿Pues qué pasa?

Capitán (Acercándose.) Cumpliendo su mandato
        ayer se publicaron los impuestos,
        y en las calles y plazas se enclavaron
        antes que el Sol abandonase el cielo;
        el pueblo recibiólos murmurando.

Rienzi        Siempre lo mismo los recibe el pueblo.

Capitán        Pero aquí no paró, cuando la ronda
        fue las calles de Roma recorriendo,
        desde algunas ventanas y callejas
        con palabras, insultos se la hicieron
        y halló sobre los bandos de las leyes
        pasquines licenciosos e indiscretos.

Rienzi (Con desprecio.)

        Que pague las gabelas toda Roma
        y que se vengue con pasquines luego.

Capitán (Aparte.) (Tal vez en tu cabeza ha de vengarse.)

| Rienzi | ¿Qué murmuras? |
|---|---|

| Capitán (Alto.) | Señor, que pasa el tiempo<br>y aún no pude deciros lo que ocurre. |
|---|---|

| Rienzi | Prosigue tu relato. |
|---|---|

Capitán

          No comprendo
el cómo pudo hacerse; pero el caso
es que los nobles juntos con el pueblo
se apiñan en formada muchedumbre
del hondo Tíber en el lado opuesto,
según un parte que leal soldado
me acaba de traer hace un momento.

Rienzi (Levantándose.)

          ¿Qué dices? ¡Miserables!

Capitán

          Cierto es todo,
que subí a la atalaya y desde lejos
entre las vagas sombras de la noche
por la aurora teñidas, logré verlo;
a más de esto se miran en la plaza
varios grupos que rompen el silencio
con algún sordo y continuado muera
o con voces de abajo los impuestos;
qué me mandáis hacer?

Rienzi

          ¿Pero esa gente
ignora que el pontífice Inocencio,
gobernador de la ciudad de Roma

hace tres meses me nombró? No acierto
cómo se atreven a arrostrar las iras
de aquel que tiene a su favor el cielo.

Capitán            Esa contribución de las gabelas

Rienzi            Capitán, las gabelas son pretexto;
la mano de Colonnas y de Orsinis
a través del tumulto bien la veo.
Si hace siete años los barones todos,
según mi voluntad hubieran muerto,
vieras tranquila la ciudad de Roma
y obediente a la ley todo mi pueblo.
La plebe, acostumbrada al servilismo,
no me quiso seguir, y aquel remedio,
que aunque duro de raíz cortaba
los males que sufrimos hace tiempo,
hoy es inútil ya, pues la nobleza
empieza a levantar su antiguo fuero.

Capitán            Tal vez os quieran infundir espanto.

Rienzi (Con vehemencia.)

¡No lo conseguirán, viven los cielos,
que si una vez con infernales tramas
por su mal y mi mal lo consiguieron,
a los hombres que rigen las naciones
la adversidad les sirve de maestro!
El Capitolio es fuerte, y yo te juro
que si de Roma salgo será muerto.

| | |
|---|---|
| Capitán | ¿Y qué ordenáis hacer? |

Rienzi
>                      Dobla la guardia;
> que alcen los puentes, y si grita el pueblo,
> de los muros del alto Capitolio
> baje la muerte a detener su aliento.

Capitán
> Pero en tanto se salen con la suya
> y no podrán cobrarse los impuestos.

Rienzi
> Sí que se cobrarán, mañana mismo.

Capitán
> Pues os juro no acierto por qué medio.

Rienzi
> Obedece mis órdenes y calla.

Capitán
> Perdonadme, señor, mas lo que pienso
> es que fuera mejor salgáis al punto.
> Aún el Sol no lució, y en breve tiempo,
> sin que el pueblo supiese vuestra fuga,
> pudierais consultar con Inocencio.

Rienzi (Con acento pausado.)
> Mentira me parece que te escucho,
> que es algo ruin y pobre tu consejo.

(Con vehemencia.)
> Estás oyendo de mi propio labio
> que de salir de Roma seré muerto,
> y quieres que me escape como loco

por un motín sin forma y pasajero.

Capitán (Con humildad.)

Soy de los vuestros y salvaros quise.

(Con desprecio y aparte.)

(Cumplí con mi deber, habrá uno menos.)

Rienzi (En tono de reproche.)

Siempre los míos mal me aconsejaron;
con todo, Capitán, te lo agradezco:
retírate y cumple mi mandato.

Capitán (Aparte y antes de salir, junto a la puerta, ínterin Rienzi
se acerca a la ventana,)

(Tu mandato, sí, sí; pasó aquel tiempo
en que Roma al Tribuno obedecía;
eres un pobre vanidoso y ciego,
¡no ves que la sentencia de tu muerte
la firma la nobleza con el pueblo!)

(Empieza a amanecer. Se va.)

## Escena II

Rienzi solo.
Este monólogo depende del actor.

Rienzi

Siete años hace ya que el pensamiento
soñó la libertad para mi patria.
¡Cuántas penas y cuánto sufrimiento!
Errante y sin destino
en las selvas inmensas
del agreste Apenino,
proscrito, excomulgado,
en sombrío castillo encarcelado,
escarnio e los nobles
y del ingrato pueblo abandonado
apuré hasta las heces la amargura.
¡Y aún necesita más la suerte dura!
¡Oh! libertad, fantasma de la vida,
astro de amor a la ambición humana
el hombre en su delirio te engalana,
pero nunca te encuentra agradecida.
Despierta alguna vez, siempre dormida
cruzas la tierra, como sombra vana;
se te busca en el hoy para el mañana,
viene el mañana y se te ve perdida.
Cámbiase el niño en el mancebo fuerte
y piensa que te ve ¡triste quimera!
Con la esperanza de llegar a verte
ruedan los años sobre la ancha esfera
y en el último trance de la muerte,
aún nos dice tu voz, ¡espera, espera!
Sueño no más del alma apasionada
fue que yo te buscase;
esa plebe obcecada
jamás alzará el vuelo
a la región de la verdad eterna.
Yo ambicioné elevarla y mi delirio

puede que pague con atroz martirio.

Escena III

Rienzi, Juana.

Juana (Entra precipitadamente por la puerta de la derecha, segundo término. Con acento breve y con agitación.)

¡Señor!...

Rienzi                          ¿Qué ocurre?

Juana                                      Desde el alto muro
donde observaba atenta y vigilante,
del Sol naciente al resplandor seguro,
vi un jinete seguido de un infante;
a mi vista, el rencor le presta rayos,
y aunque lejano al grupo le veía
entre las armas y flotantes rayos,
a Pedro de Colonna conocía.
Ávida le seguí con la mirada
cruza los muros de la eterna Roma,
a buen paso penetra en la calzada
y en derechura al Capitolio toma;
avanzando mi cuerpo entre la almena
observé que bajaban el rastrillo
y vio mi corazón con honda pena
que el traidor penetraba en el castillo.
Breves minutos pasan; mi deseo
en el alto del muro me enclavaba,
seguí mirando y con espanto veo

que la guardia el palacio abandonaba.

Rienzi (Con espanto.)

¡Qué dices, Juana. ¡Oh Dios, traición
funesta!...

Juana             Todos, señor, en pos de ese villano
en silencio marchaban por la cuesta;
al verles renegué de que mi mano
no pudiese coger una ballesta.

(Con vehemencia.)   De tenerla a mi alcance ¡por mi suerte!
que muchos conocieran a la muerte.

Rienzi (Consigo mismo.)

El Capitolio solo, abandonado...

(Se dirige a Juana.)   ¿Y el puente?

Juana                       Presentando ancho camino.

Rienzi (Consigo mismo.)

¡Y el pueblo por los nobles sobornado!
¡Terrible se levanta mi destino!

(A Juana.)        Juana, ¿serás leal?

Juana (Con vehemencia.) Pide mi vida.
No sé el plan del infame, pero creo
que su intención perversa y atrevida,

esa intención formada en un deseo,
ya no puede saciarse en mi caída;
mi sentencia de muerte la preveo,
y aunque el alma valiente no se aterra,
¡mi corazón al fin es de la tierra!

Juana (Con tristeza.) ¿Te horroriza morir?

Rienzi              (En tono de reproche.)
Cállate, Juana;
si de mi vida solo dependiera,
a cien muertes seguidas no temiera.
¡La eternidad se encuentra en el mañana!
Yo no tiemblo por mí, pero María,
ídolo de un amor grande y profundo,
no me puede seguir en mi agonía,
la tengo que dejar sola en el mundo.
Ella y mi hijo...

Juana (Con vehemencia.) Rienzi, en mí confía;
mi cariño sin nombre y sin segundo
te llevará dos mártires al cielo
si no hallasen la paz sobre este suelo.
Tu hijo en Aviñón vive seguro
ignorando esta vida desastrosa;
nada temas por él, salva a tu esposa
y cumpliré leal lo que te juro.

Rienzi (Con cariño a Juana.)

¡Noble mujer!

Juana                                    El tiempo se apresura;
                              el palacio indefenso, el pueblo altivo,
                              hacen temer precisa desventura.

Rienzi (Durante las últimas palabras de Juana, se ha dirigido a un
trofeo, ciñéndose precipitadamente la espada.)

                              Y por eso a la lucha me apercibo.

Juana (Con asombro.)

                              ¿Y pretendes seguir en tu locura?
                              Aún es tiempo de huir.

Rienzi
(Con indignación.)          ¡Yo fugitivo!
                              ¡Calle tu lengua!

Juana (Con pena.)           ¡Oh Dios! funesto alarde!

Rienzi (Con altivez.)  Loco pudiera ser, mas no cobarde.
                              Escúchame en silencio y no caviles
                              en torcer mi intención, que vano fuera;
                              llama a los pajes y en mi nombre diles
                              que cierren el portón de la barrera.

(Dirigiéndose con el ademán hacia el balcón.)

                              Si ellos tienen las armas de los viles,
                              yo tengo la defensa de la fiera.
                              Para llegar a profanar mi solio

(Dirigiéndose con el ademán hacia la puerta.)

en escombros verán el Capitolio.

Juana          Y qué intentas hacer ¿cuál es tu idea?

Rienzi         Que el pueblo no penetre en el palacio,
               que me dé tiempo, y pensaré despacio
               cómo he de prepararme a la pelea.

Juana          ¿Y María?

Rienzi                        Después; cumple el mandato
               y te diré los medios de salvarla.

Juana          ¿De aqueste sitio lograrás sacarla?

Rienzi         Yo te juro que sí.

Juana                        Bien. (Aparte.) (¡Insensato!)

(Se va por la izquierda.)


## Escena IV

Rienzi solo, después Juana

Rienzi         Hablaré al pueblo; sí, siempre me escucha.

(Pausa.)       Si no me oyera... entonces a la lucha.
               Mañana el santo Padre
               ha de mandarme lanzas y dinero:

¡fue imprevisión la mía
publicar el impuesto en este día!
¡Espíritu del alma, no me dejes!

(Se acerca a la puerta por donde salió y mira el interior de la estancia.)

Tranquila duerme, sí, pobre María.

Juana (Entra apresurada y cierra la puerta por donde entró, que es la de la izquierda.)

Rienzi        Tan pronto ya de vuelta, qué sucede?

Juana (Con breve acento.)

Que el palacio se encuentra abandonado.
Que no hay un paje, y que tu pueblo puede
penetrar hasta aquí.

Rienzi (Con desesperación.)

¡Ah, desgraciado!

Juana        Del Capitolio en la inmediata plaza,
todos los miserables reunidos,
se agitan entre gritos de amenazas,
como lobos por hambre enfurecidos.

(Desde esta escena hasta la conclusión del acto, no deja de oírse un murmullo sordo, como producido por gritos y voces lejanas. Este murmullo es débil o fuerte, según lo necesitan las situaciones de los personajes. El murmullo en esta escena es débil.)

> Huye, Rienzi, aún es tiempo, y si no quieres,
> pronto, ¡salva a María!

Rienzi (Entre el temor y el amor propio.)

> Por mi nombre,
> que es la mayor desgracia para el hombre
> luchar entre las débiles mujeres.
> ¡Que tiemblo juraría!

Juana (Con mesura.)          Vano fuera
> imaginar que el hombre no temblará
> ante un pueblo sin freno ni barrera.
> Azota el viento en el inmenso Sahara
> y tiembla huyendo la indomable fiera.

(Se oye más vivo el rumor.)

> ¿Escuchas el rumor de la algazara?

Rienzi (Haciendo un movimiento de horror.)

> Lo escuché y con horror a pesar mío
> siento en mis venas circular el frío.

Juana (Con insistencia.)

> Abandona tu empresa, y de tu vida
> cuídate nada más.

Rienzi (Transición desde el terror al heroísmo.)

> Calla, insensata;
> tras el fiero huracán que se desata
> aparece la tierra más florida.
> Luchando moriré. ¿Sabes por suerte
> el paso abierto sobre el ancho muro?

Juana

> Sí, le conozco bien, y te aseguro
> que él tan solo te salva de la muerte.

Rienzi (Con resolución.)

> De aquí no he de moverme; tú le sigues:
> sales por él de Roma presurosa
> y en la quinta de Flavio te apercibes
> preparando la fuga de mi esposa.
> Flavio es amigo fiel, cuanto le pidas
> te dará, y a Aviñón marcha al instante,
> y de Inocencio cuarto protegidas,
> me podéis esperar muerto o triunfante.

(Se dirige a la caja, saca la llave de la puerta y la abre, dejándola en la cerradura.)

Juana

> ¿Me seguirá? (Con tono desconfiado.)

Rienzi

> Que sí, te lo he jurado;
> en el momento que hable con María
> saldrá por la revuelta galería
> y en breve tiempo la tendrás al lado.

(Llevando a Juana hacia la puerta.)

> Pronto, precédela, que al pueblo escucho
> enfurecido.

Juana (Primero alto y luego aparte, antes de salir por la puerta secreta.)

> Adiós y quiera el cielo
> que puedas ver cumplido tu desvelo.

(Por ella volveré si tarda mucho.)

(Se va entornando la puerta.)

## Escena V

Rienzi solo, después María.

Rienzi

> ¡Solo!, ¡solo! ¡Dios mío, qué locura! (Pausa.)
> ¡Bruto! ¡Catón! ¡qué horror! ¡Oh, cielo
> santo!
> ¡ten compasión de mí! ¡se me figura
> que estoy vertiendo lágrimas de espanto!

María (Con traje blanco y como si acabase de despertar, entra por la puerta derecha, primer término; al ver a Rienzi, con agitación y vehemencia.)

> ¡Oh Dios mío! al fin te vi.

Rienzi (Abrazándola y procurando ocultar su emoción.)

¿Qué tienes?

María                        Terror profundo.
Entre sueños te perdí
y encuentro desierto el mundo
cuando le veo sin ti.

Rienzi (Con pasión.) Serénate, vida mía.

María             ¡Oh qué terrible agonía,
qué espantosa realidad!
¡Si mi sueño parecía
imagen de la verdad!
Sobre el mar ruda tormenta

(Relatando.)       el huracán levantaba,
triste noche se acercaba
y aquella mar violenta
contra una roca chocaba.
En ella, inmóvil, aislado,
con un resplandor divino
sobre tu frente grabado,
estabas tú abandonado
de los hombres y el destino.
En una tabla ligera
y luchando con el mar,
quise tu vida salvar
y gritaba: ¡Rienzi, espera,
que ya no tardo en llegar!
Un minuto se sucede;

vacila tu noble planta
que sostenerse no puede,
la roca hundiéndose cede,
y el mar sus olas levanta.
¡Espera, te salvaré!,
en mi frenesí gritaba;
con rudo esfuerzo llegué,
pero ya no te encontré
porque el mar te arrebataba.

Rienzi (Abrazándola.) Delirios del pensamiento.

María            Acaso mi corazón
pudo turbarse un momento,
pero a tan viva ilusión
la llamo presentimiento.
Entre el cierzo que gemía
vibró una voz que decía:
«¡Rienzi, sucumbe al destino,
»que está muy lejano el día
»y muy oscuro el camino!
»¡Sé mártir, la eternidad
»en pos de la muerte espera,
»y en los siglos de otra edad
»verás como fue quimera
»en el hoy, la libertad!»
¡Aquesto escuché y creí
que la mar embravecida,
era la plebe homicida
y el Capitolio le vi
en aquella roca hundida!

(Durante estos últimos versos el rumor se deja oír con más claridad. Una voz fuera, algo lejana.)

Voz (Dentro.)          Muera el Tribuno, muera...

María (Con horror.)                    ¡Cielo santo!
¿No escuchaste esa voz? ¡yo desvarío;
era cierto mi sueño, sí, Dios mío!
Sálvate por favor.

Rienzi (Procurando serenarla.)

Calma tu llanto;
las gabelas, impuesto que es forzoso,
a pagarlas el pueblo se resiste,
y el grito de algún pobre revoltoso
es el vago rumor que fuera oíste.

María (Con vehemencia.)

No, Rienzi, sálvate, que el alma mía
no puede equivocarse.

Rienzi                              ¡Te engañara
siendo cierto el peligro! No, María.

María          Pues retira el impuesto.

Rienzi                          ¿Qué probara
con esa acción? temor y no le tengo.

María (Reparando que Rienzi está armado.)

Y armado estás, ¡oh Dios! tiembla mi mano.

Rienzi (Procurando disimular su turbación.)

Para arengar al pueblo me prevengo.

María (Con vehemencia.)

Y aún me quieres decir que tenga calma.

Rienzi (Con vehemencia y energía.)

Basta, por Dios; tu mujeril flaqueza
puede entibiar mi fe.

Voz (Dentro, lejos.)          ¡Muera el tirano!

Rienzi          Dejarás el palacio con presteza
y a Juana seguirás.

María (Con exaltación marcadísima.)

¡Dios soberano!
Dejarte yo, ¡¡jamás! ¡muerta primero!
Ningún poder habrá, no, no, ninguno
que de ti me separe; el mundo entero
nada pudiera hacer...

Una Voz          (Dentro, pero lejos.)
¡Muera el Tribuno!

| | |
|---|---|
| María | Contigo he de morir o he de salvarte. |
| | A ese pueblo furioso no le temo; |
| | si lleva sus locuras al extremo |
| | que venga de mis brazos a arrancarte. |

Rienzi (Desprendiéndose de los brazos de María.)

Ese pueblo se rinde con mi acento;
si te miro a mi lado nada digo,
porque tiembla mi amante pensamiento
cuando te siento caminar conmigo.
Huye de aquí, por Dios, solo un momento,
y si el hado se torna mi enemigo,
te juro que al brillar el nuevo día
solo tuyo he de ser, esposa mía.

María  ¡Tu corazón luchó noble y valiente,
qué más puedes querer! Sígueme.

Voz (Dentro.)  ¡Muera!

María  ¿No escuchaste el delirio de esa gente?
abandona, por Dios, tanta quimera,
conmigo sálvate.

Rienzi  Más tarde; ahora
cumple mi voluntad y en mí confía.
¿Te olvidaste del hijo que te adora?
¡En nombre de su amor, huye, María!

María (Convencida por las instancias de Rienzi, se decide a huir, pero no sin demostrar una gran violencia en esta resolución.)

¡Dejarte yo!

Rienzi (Llevándola a la puerta casi a la fuerza.)

       Por Dios, que el tiempo pasa.

María (Ya en el dintel de la puerta y echando los brazos a su cuello.)

     ¿Me seguirás, lo juras?

Rienzi (Procurando dominar su pena.)

     Sí, bien mío;
     Juana te espera.
(Aparte.)     (El alma se me abrasa;
     de contener mi pena desconfío.)

María    ¡Adiós!

Rienzi (Con pasión.) ¡María!

María (Ya en la galería.) ¡Adiós! (Se va y cierra.)

Rienzi (Que se queda delante de la puerta.)

     Tiemblo perderte
     y se estremece el corazón de espanto.

(Con vehemencia y terror.)

¡Qué terrible momento el de la muerte!

(Transición del horror a la pena.)

¡Perdón! ¡Señor! ¡perdón! ¡la quiero tanto!

Una Voz            (Dentro, lejana.)

Viva Colonna, ¡viva!

Rienzi             (Con desesperación.)

¡Aciaga suerte!
Basta ya, corazón; recoge el llanto
y no borres jamás de la memoria
que me contempla el mundo de la historia.

(Se dirige hacia el balcón del fondo y entreabre una de las vidrieras, poniéndose a mirar hacia la plaza y dando la espalda a la
puerta secreta por donde salió María; el rumor crece.)

¡Qué imponente es la plebe reunida!

(María abre con precaución la puerta secreta, sale a escena y se va
por la puerta derecha del primer término, diciendo antes:)

María              Le esperaré hasta el último momento.

(Durante este breve tiempo Rienzi de espaldas no ha visto nada;
pero se supone que oye algún ligero rumor hacia la puerta, porque
se vuelve rápidamente, y viéndola a medio cerrar, se dirige hacia
ella y como refiriéndose a María.)

Rienzi          ¡Si volviese otra vez! No, por mi vida;
                si escucho el eco de su amante acento
                de todo el alma por mi mal se olvida,

(Llega a la puerta, la cierra, da dos vueltas a la llave y se dirige
hacia la ventana.)

                que su amor le domina al pensamiento.

(Tira la llave por la ventana.)

                Ahora a vencer o a conquistar la palma.

(Toma su estandarte y abre el balcón del fondo. En tal momento, el
rumor y los gritos del pueblo se oyen muy cercanos, pero siempre
viniendo de abajo.)

                Cállese el corazón y empiece el alma.

Una Voz          ¡Viva Colonna! ¡abajo los tiranos!

Rienzi (Con el pendón en la mano y de la parte de afuera del balcón, intenta arengar al pueblo, pero no lo puede conseguir, porque
interrumpen sus palabras con gritos y con voces.)

                ¡Pueblo ilustre!

Varias voces                    ¡No! ¡no!

Otras                                ¡Rienzi!

| | |
|---|---|
| Una Voz | ¡A la hoguera! |
| Otra | ¡Viva Orsini! |
| Otras | ¡La hoguera! |
| Rienzi | Los romanos nunca fueron indignos... |
| Varias voces | ¡Muera! |
| Otra | ¡Muera! |

Rienzi (A pocos pasos del balcón y convencido de que sus esfuerzos son inútiles para arengar al pueblo.)

¡Qué mal te hice, pueblo desgraciado!
¡Levantarte del polvo y la vileza!
¿Por qué me dejas solo, abandonado,
y te vendes traidor a la nobleza?

(Dirigiéndose con los ademanes al pueblo.)

Tu castigo le tienes preparado:
mientras goces cortando mi cabeza,
te ceñirán tus olvidados yugos
esa raza de tigres y verdugos.
Te los mereces, sí; ¡vano delirio
enseñarle la luz al pobre ciego!
¡Ojalá que mi sangre y mi martirio
puedan servirte de fecundo riego!
¡Ojalá que en los siglos venideros

te arranquen de las sombras en que vives
y puedas conquistar los libres fueros
que en el hoy ignorante, ni concibes.

(Avanza más al centro de la escena y cambia el tono de queja y
amargura por uno profético y de entusiasmo, dirigiendo la vista
al cielo.)

¡Inmenso resplandor, lumbre brillante,
reflejo de una luz santificada!
¡libertad que soñé, marcha triunfante
mientras duermo en los reinos de la nada!
Despierta en las regiones de la historia
cuando domine la razón al hombre,
y si no se ha perdido mi memoria
que no se olviden de mi oscuro nombre.

(Uniendo la acción a la palabra, toma el estandarte con ambas
manos, rompe el asta, y haciendo con la tela una especie de tea,
lo prende en una de las lámparas, dirigiéndose hacia la segunda
puerta de la derecha del espectador.)

¡Emblema ilustre de mi fe perdida,
cual escarnio de Roma no he de verte!
sigue el destino de mi triste vida,
y si acaso me brinda con la muerte,
abrasando las gradas de mi solio
sálvate de la plebe y sus maldades.

(Sale por la puerta, y durante un instante queda la escena sola.
Vuelve sin el estandarte.)

¡Ruinas del imponente Capitolio
servidle de sepulcro en las edades!

(Se va precipitadamente por la puerta de la izquierda.)

Escena VI
María, después Juana, luego Pedro Colonna y pueblo.

María (Sale sobrecogida y horrorizada. Este monólogo depende
en un todo de la actriz, que puede elevarlo hasta la sublimidad.)

¡Oh Dios mío! ¡qué horror, tiemblo de
espanto!

(Pausa breve.)  El pueblo enfurecido no le escucha;
¡tengo mi corazón yerto de frío!
¡Alma que alientas en el pecho mío!
apresta tu poder para la lucha!
(Pausa breve.)  ¡Qué intentará! ¡no, no! voy a salvarte,
la fuerza de mi amor me dará aliento
¡yo sabré de sus manos arrancarte!

(Da un paso hacia el fondo de la escena.)

¡Pero si ha huido!...

(Con horror y mirando a todos lados.)

¡Oh! yo estoy perdida.

(Transición desde el horror al heroísmo.)

Toma, Señor, mi vida por su vida.

(Dirigiéndose rápidamente hacia la puerta, llama con gritos a Rienzi, pero al cruzar por delante del balcón se detiene horrorizada porque ha visto al pueblo cortando la cabeza a su esposo. Llamando.)

¡Rienzi! ¡Rienzi!... Jesús, ¿que es lo que veo?
¡La cabeza de Rienzi ensangrentada!

(Pausa breve y después transición de la pena a la ira. Dirigiéndose con el ademán al balcón.)

¡Maldito seas, pueblo fratricida,
raza indigna, de Dios abandonada,
cada gota de sangre de su vida
con sangre tuya correrá mezclada!

(Queda anonadada por la desesperación hasta que oye la voz de Colonna.)

Colonna (Que viene por los salones de la izquierda, seguido del pueblo, grita desde lejos.)

María, ven, mi corazón te espera.

María (Súbitamente se rehace de su desesperación, irguiéndose con sublime arranque dice:)

¿Aún necesitas más, hambrienta fiera?
pues recoge mi cuerpo inanimado.

(Uniendo la acción a la palabra se dirige a uno de los trofeos, toma un puñal y se lo hunde en el pecho. Al caer se acuerda de su hijo, se arranca el puñal de la herida, pero al arrancárselo, cae muerta.)

¡Alma! busca a tu amor,
(Se hiere.)                              ¡hijo!... ya es tarde!

(Cae próxima a la puerta secreta. En el mismo momento de caer, el incendio que durante esta última parte de la escena ha ido en aumento, hace que se derrumbe la parte comprendida entre el telón de fondo y los primeros bastidores, dejando descubierta la galería secreta. Por ella aparece Juana llamando a María. Entra en escena, y al ver a María queda parada.)

Juana                    ¡María! ¡muerta! y Rienzi,
(Mira al balcón.)                       ¡asesinado!

(Con acento sublime y poseída de la desesperación, dirigiéndose al pueblo, cuyos gritos se unen al rumor del incendio, cada vez más vivo.)

¡Pueblo cruel! ¡Pantera libertada!

(Se dirige al cuerpo de María, se arrodilla y la coge.)

¡Yo salvaré tu cuerpo idolatrado!

Colonna (Ya inmediato a la escena, entra en ella al terminar las últimas palabras del siguiente verso.)

¡La muerte elegirás si no me amas!

Juana (Al oír la voz de Colonna ha tomado el cuerpo de María en sus brazos. Al entrar Colonna en escena, le dice desde el mismo dintel de la galería:)

¡Búscanos a las dos entre las llamas!

(Cae el telón a tiempo que un grupo del pueblo con antorchas entra detrás de Colonna. La actitud de los personajes es la siguiente: Juana con María en los brazos en el dintel de la puerta de la galería. Colonna en medio de la escena inmóvil y mirando espantado el grupo de Juana y María. Detrás de él varios hombres del pueblo con antorchas encendidas e inmóviles y espantados. Todo iluminado por el incendio, cada vez más grande durante esta última escena.)

Fin del drama
Madrid 13 de diciembre de 1875.

# Notas de Rosario de Acuña

Si por circunstancias especiales de las empresas, como ha sucedido en Madrid, no pudiera disponerse la decoración del tercer acto con la mutación que se indica, el final del mismo puede sustituirse de la siguiente manera: la actriz Juana, debe entrar en escena por la puerta secreta, rompiéndola con un hacha, toda vez que la puerta estará practicable en la decoración, y no hay necesidad de derrumbamiento.

Todos los versos que llevan un asterisco al margen pueden suprimirse en la representación.

# Libros a la carta

A la carta es un servicio especializado para
empresas,
librerías,
bibliotecas,
editoriales
y centros de enseñanza;
y permite confeccionar libros que, por su formato y concepción,
sirven a los propósitos más específicos de estas instituciones.
Las empresas nos encargan ediciones personalizadas para marketing editorial o para regalos institucionales. Y los interesados solicitan, a título personal, ediciones antiguas, o no disponibles en el mercado; y las acompañan con notas y comentarios críticos.
Las ediciones tienen como apoyo un libro de estilo con todo tipo de referencias sobre los criterios de tratamiento tipográfico aplicados a nuestros libros que puede ser consultado en Linkgua-ediciones. com.
Linkgua edita por encargo diferentes versiones de una misma obra con distintos tratamientos ortotipográficos (actualizaciones de carácter divulgativo de un clásico, o versiones estrictamente fieles a la edición original de referencia).
Este servicio de ediciones a la carta le permitirá, si usted se dedica a la enseñanza, tener una forma de hacer pública su interpretación de un texto y, sobre una versión digitalizada «base», usted podrá introducir interpretaciones del texto fuente. Es un tópico que los profesores denuncien en clase los desmanes de una edición, o vayan comentando errores de interpretación de un texto y esta es una solución útil a esa necesidad del mundo académico.
Asimismo publicamos de manera sistemática, en un mismo catálogo, tesis doctorales y actas de congresos académicos, que son distribuidas a través de nuestra Web.

El servicio de «libros a la carta» funciona de dos formas.

1. Tenemos un fondo de libros digitalizados que usted puede personalizar en tiradas de al menos cinco ejemplares. Estas personalizaciones pueden ser de todo tipo: añadir notas de clase para uso de un grupo de estudiantes, introducir logos corporativos para uso con fines de marketing empresarial, etc. etc.

2. Buscamos libros descatalogados de otras editoriales y los reeditamos en tiradas cortas a petición de un cliente.

LK